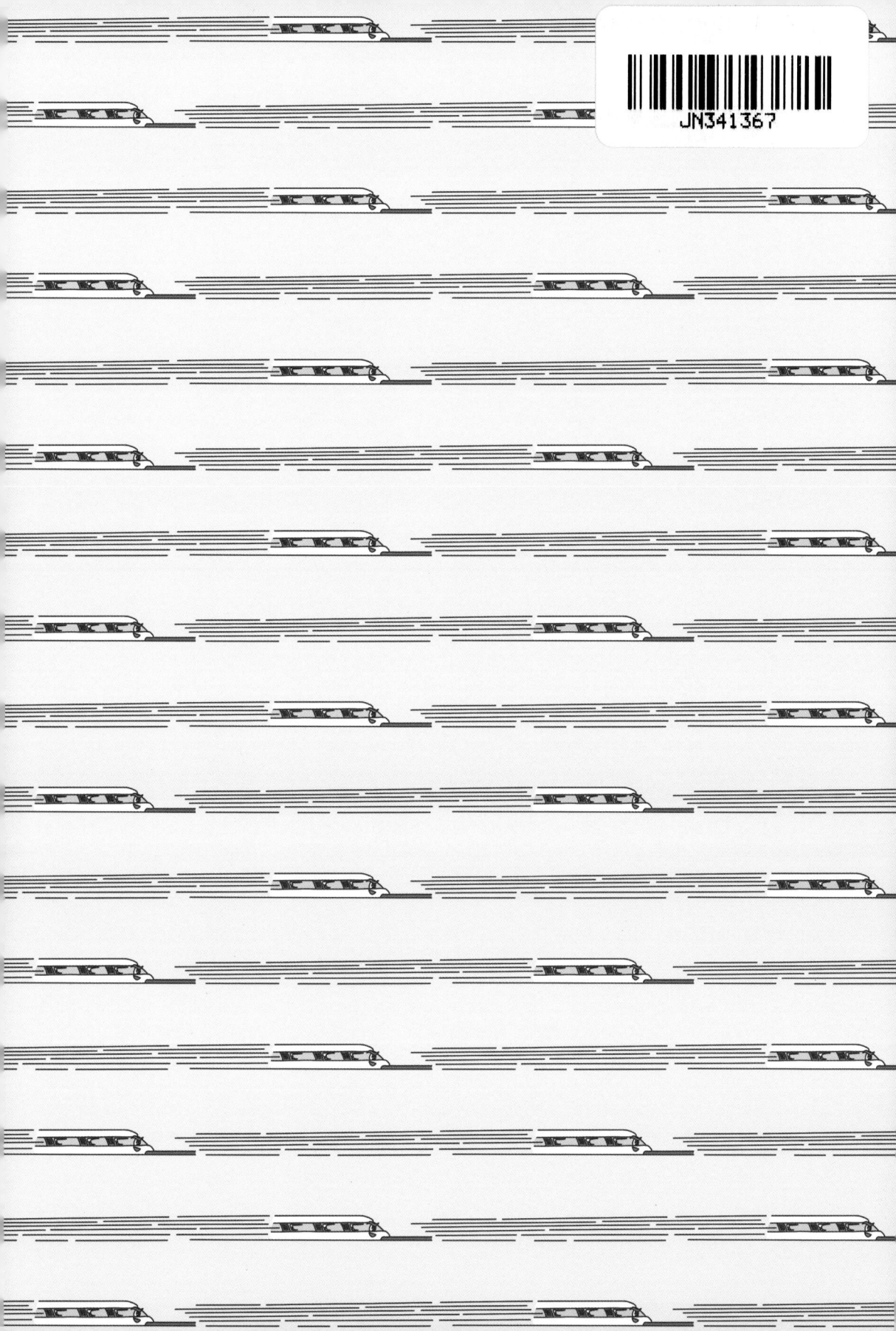

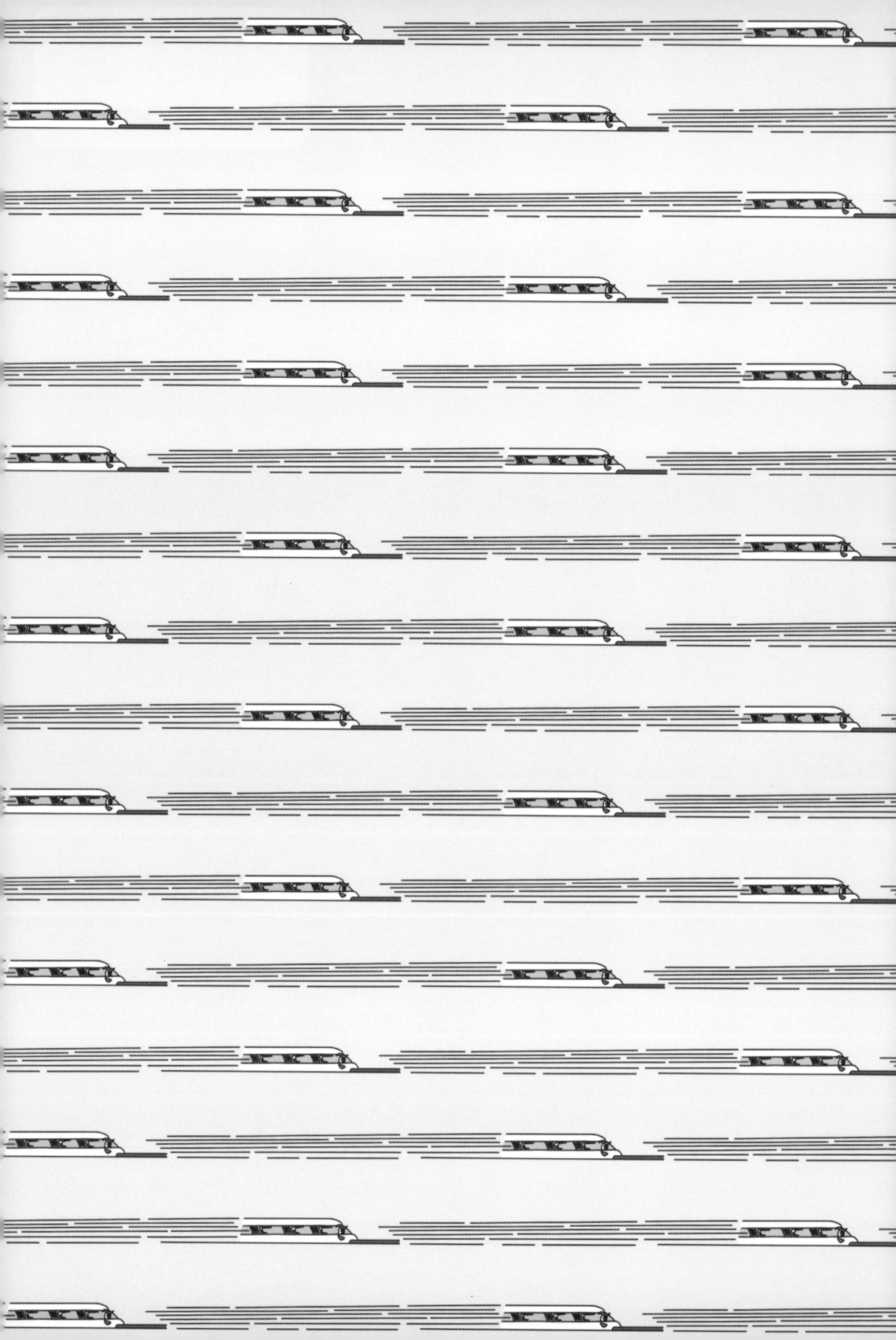

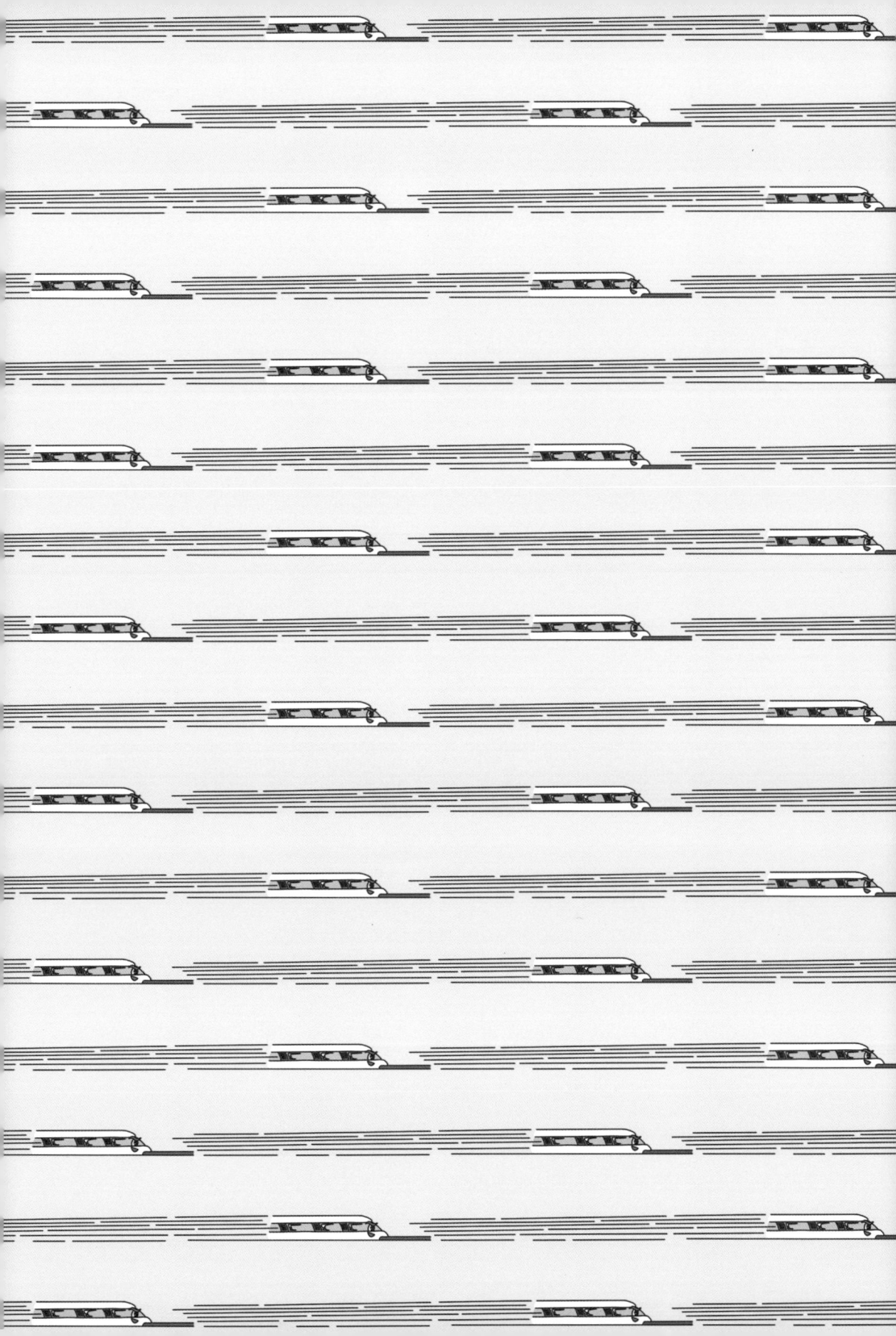

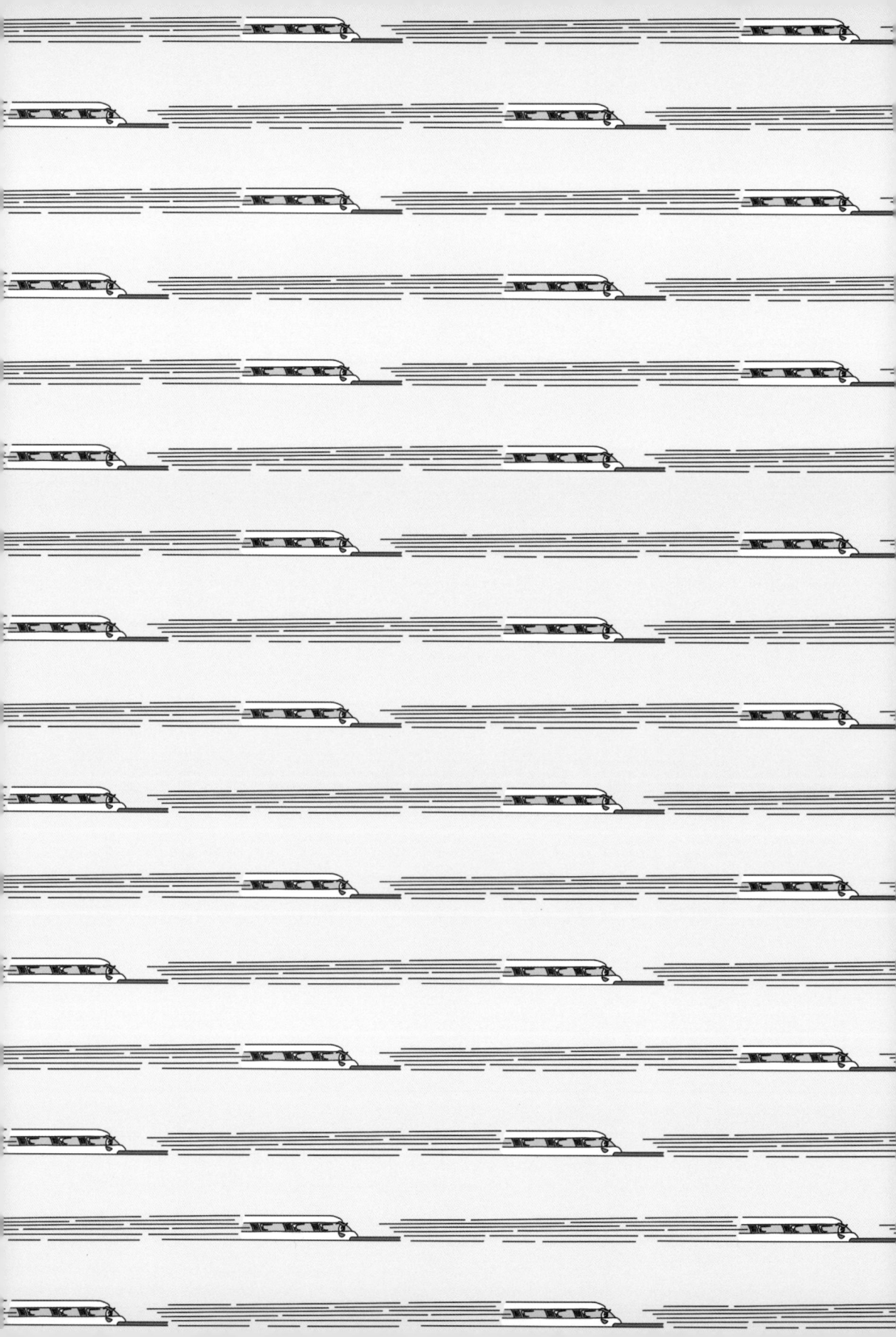

모빌리티가
뭐예요?

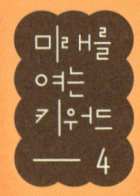

모빌리티가 뭐예요?

초판 1쇄 발행 2024년 1월 10일 **초판 2쇄 발행** 2025년 9월 10일
글쓴이 이시한 | **그린이** 방상호
펴낸이 홍석 | **이사** 홍성우
편집부장 이정은 | **편집** 오미현·조유진·노한나 | **디자인** 이한나·김영주 | **외주디자인** 방상호
마케팅 이송희·최은서 | **제작** 홍보람 | **관리** 최우리·정원경·조영행
펴낸곳 도서출판 풀빛 | **등록** 1979년 3월 6일 제2021-000055호 | **제조국** 대한민국 | **사용연령** 8세 이상
주소 서울 강서구 양천로 583, 우림블루나인 비즈니스센터 A동 21층 2110호
전화 02-363-5995(영업), 02-362-8900(편집) | **팩스** 070-4275-0445
전자우편 kids@pulbit.co.kr | **홈페이지** www.pulbit.co.kr
블로그 blog.naver.com/pulbitbooks | **인스타그램** instagram.com/pulbitkids

ⓒ 이시한, 방상호 2024

ISBN 979-11-6172-627-4 74550
979-11-6172-448-5(세트)

이 책은 저작권법에 따라 보호받는 저작물이므로 무단 전재와 복제를 금지하며,
이 책의 전체 혹은 일부 내용을 인공지능 기술 교육을 목적으로 입력, 제공하거나 기타 방식으로 사용하는 것을 금합니다.
이 책 내용의 전부 또는 일부를 이용하려면 반드시 저작권자와 도서출판 풀빛의 서면 동의를 받아야 합니다.

※책값은 뒤표지에 표시되어 있습니다.
※파본이나 잘못된 책은 구입하신 곳에서 바꿔 드립니다.
※종이에 베이거나 긁히지 않도록 조심하세요. 책 모서리가 날카로우니 던지거나 떨어뜨리지 마세요.

모빌리티가 뭐예요?

이시한 글 · 방상호 그림

풀빛

작가의 말

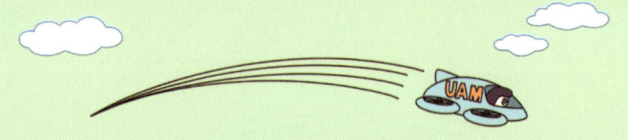

우리 곁에 성큼 다가와 있는 모빌리티의 미래

스마트폰으로 택시를 불렀는데, 운전하는 사람이 없는 택시가 온다고 생각해 봐. 자동으로 열린 뒷좌석에 타자마자 스마트폰에 입력한 주소로 우리를 데려다주는 거지. 이러면 말이 차인 거지 사실은 이동 로봇인 거야. 이런 택시를 탄다면 마치 미래에 초대받아 온 느낌일 거야.

그런데 사실 운전하는 사람이 없는 자율 주행 택시는 이미 현실이야. 지금 미국 샌프란시스코에는 운전사 없는 로보택시가 돌아다니면서 손님을 실어 나르고 있고, 중국 베이징에도 자율 주행 택시가 운행 중이지.

공상 과학 영화들을 보면 미래 도시를 표현할 때 반드시 나오는 것이 하늘을 나는 자동차야. 그만큼 미래를 상징하는 기계가 하늘을 나는 자동차인데, 그것도 우리는 몇 년 안에 실물을 보게 될 거야. 하늘을 나는 자동차를 UAM이라고 하는데, UAM 기체들이 안전성 평가 중이고, 조만간 시험 운항을 할 것이라고 하니까 말이야.

우리 생각보다 모빌리티의 미래는 성큼 다가와 있어. 모빌리티의 변화라는 것은 단순히 '탈것'이 빨라지고 편해졌다는 개념이 아니라, 그로 인해 공간의 거리가 줄어들고 들어가는 시간이 단축된다는 의미야. 그러니까 모빌리티는 기술로 시간을 만드는 작업이야.

우리가 학교에 통학하고, 근교에 놀러 나가고, 가끔은 멀리 여행을 가려고 할 때, 이동에 시간이 걸리잖아. 그런데 모빌리티 혁명은 바로 그 시간을 획기적으로 단축시킴으로써 우리의 시공간 개념을 비틀게 돼.

모빌리티로 연결된다면 거리상 먼 곳이 심리적으로 더 가깝게 될 수도 있어. 예를 들어 서울역에서 KTX로 연결되는 천안은 1시간이면 도착하는데, 차로 가야 하는 동탄까지는 1시간 20분 정도가 걸려. 거리는 천안이 두 배 정도 먼데 말이야. 그러면 우리의 심리적 거리는 천안이 더 가깝게 되는 거지.

모빌리티의 전면적인 혁명이 시작되면 이런 시공간 개념의 변화는 훨씬 더 두드러질 거야. 그 변화는 우리의 생활 패턴을 바꾸고, 여러 가지 기회들을 만들게 되지. 기회는 변화에 있으니까 말이야.

이 책을 통해 모빌리티 혁명이 바꾸는 세상에서 어떻게 리더가 될지, 그리고 무엇을 준비해야 될지 알게 되길 바라. 그리고 바뀐 세상에 적응하기보다는 세상을 직접 바꿀 수 있는 사람이 되었으면 해. 모빌리티 혁명은 이제 시작이니까 충분한 기회가 있거든. 모두 파이팅이야!

이시한

작가의 말 4

① 모빌리티가 뭐예요?

모빌리티가 뭐예요? 10
모빌리티 발전이 도시를 만들었어 15
지금 우리는 어떤 것들을 타고 있을까? 25
스스로 움직이는 미래의 자동차 29
모빌리티 발전? 모빌리티 혁명! 33

② 새로운 모빌리티를 만나 봐!

사람이 운전하면 불법? **자율 주행차** 38
영화를 찢고 나온 하늘을 나는 자동차 **UAM** 42
서울에서 부산까지 16분 **하이퍼루프** 48
미래 도시에는 꼭 있어 **어반루프와 터널루프** 52
맡겨 줘! 물류의 이동 **배송 로봇과 드론** 59
이동의 마지막 퍼즐 **퍼스널 모빌리티** 62
발전하는 모빌리티의 문제점 66

③ 모빌리티가 바꿀 미래 세상

전국 어디든 한 시간 안에!   78
자동차야, 공부방이야?   82
아침은 서울에서, 저녁은 런던에서   88
미국에서 보낸 오렌지가 새벽 배송으로 슝!   92

④ 모빌리티 세상을 위한 준비

상상력의 한계를 걷어 내!   102
소유 대신 공유   105
세계 시민이 되어 볼까?   110
가장 중요한 건 사람에 대한 호기심   114

1

모빌리티가 뭐예요?

모빌리티가 뭐예요?

요즘은 초등학생 중에서도 휴대전화를 가진 친구들이 참 많아졌어. 혹시 너도 가지고 있니? 그럼 휴대전화를 영어로 뭐라고 하는지는 알아? 뭐? 그거야 당연히 '핸드폰' 아니냐고?

물론 핸드폰이 손을 뜻하는 '핸드'와 전화기를 뜻하는 '폰'이라

는 영어로 이루어진 건 맞아. 하지만 만약 외국에 나가서 '핸드폰'이라는 말을 하면, 아마 못 알아들을 거야. 왜냐하면 휴대전화는 영어로 보통 '모바일 폰(mobile phone)'이라고 하거든.

'모바일(mobile)'은 '이동하는' 혹은 '이동식의'라는 뜻을 가진 말이야. 가지고 다닐 수 있는 전화니까 이런 이름이 붙었나 봐.

모바일의 명사형인 '모빌리티(mobility)'는 '이동성', '기동성'이라는 뜻이야. 사전적인 뜻은 그렇지만, 요즘은 일반적으로 탈것, 즉 이동 수단을 모빌리티라고 불러.

그런데 자동차나 오토바이라고 하면 될 것을 왜 굳이 모빌리티라고 부를까?

사실 모빌리티는 단순하게 탈것을 말하는 게 아니야. 출발지에서 목적지까지 이동하는 데 기여하는 이동 수단, 서비스, 방법 등을 다 합해서 모빌리티라고 하는 거야. 그렇게 보면 차, 기차, 비행기, 자전거, 킥보드 등 모든 탈것들이 전부 모빌리티가 될 수 있는 셈이야. 그리고 그것들을 쓸 수 있게 하는 플랫폼이나 시스템도 모빌리티 산업이라고 할 수 있어. 예를 들어, 카카오 택시처럼 스마트폰 앱으로 택시를 편하게 부를 수 있게 만드는 것도 모빌리티 산업의 한 종류가 되는 것이지.

그런데 조금 더 자세히 알아보면, 탈것이라고 해서 모두 모빌리티라고 하지는 않아. 배나 비행기도 모빌리티라고 할 수 있지만, 실제로는 그런 전통적인 이동 수단을 모빌리티라고 부르지는 않거든. 자동차도 마찬가지야. 요즘 세계적인 관심을 받고 있는 자율 주행차나 수소차, 전기차처럼 미래형 차를 이야기할 때 모빌리티라는 말을 쓰지, 우리 주변에서 흔히 볼 수 있는 휘발유 자동차에는 모빌리티라는 말을 쓰지는 않아. '중고차 시장'이라고 하지 '중고 모빌리티 시장'이라고 하지는 않는다는 거야.

그렇게 보면 정확한 사전적 의미가 아니라 그냥 통상적으로 미래형 이동 수단이나 서비스 같은 것을 모빌리티라고 부르는 듯해. 그래서 모빌리티는 어른들보다 너희에게 더 중요한 이야기야. 왜냐하면 모빌리티는 미래형 교통수단이고, 그 미래는 바로 너희가 살아가고 만들어 가는 세상이잖아.

미래형 모빌리티가 무엇인지를 정확히 어떻게 정의할 것이냐에 대해서는 사람들마다 조금씩 다르게 이야기해. 하지만 그런 얘기들을 들어 보면 몇 가지 공통점이 있지.

우선은 환경 문제에 대한 대책으로서의 탈것들이야. 지구 온난화의 이유 중 하나가 자동차 배기가스거든. 그런데 그 배기가스들은 석유를 태워서 나오는 것이기 때문에, 자동차에서 배기가스가 안 나오게 하는 방법이 무엇일까 고민하던 사람들이 생각한 게 석유 대신 전기를 이용하는 거야. 그래서 전기 자동차 같은 것들이 나왔지. 수소를 사용하려는 시도도 있지만, 전 세계적으로는 전기 자동차가 더 많이 사용되고 있어. 그러니까 전기차를 미래의 교통수단으로 주로 꼽는 이유는, 미래 환경에 대한 우

리 인류의 노력이 만든 자동차이기 때문이야.

미래형 모빌리티를 정의할 때 또 하나의 공통점은 무인이라는 점이야. 사람이 조종하지 않고 스스로 운행한다는 거지. 자동차

에서는 '자율 주행차'라고 해. 미래에는 인공 지능(AI)에게 탈것들의 조종을 맡기면 오히려 더 안전하고 빠를 것이라고 사람들은 말해. 그래서 자율 주행차가 굉장히 발달한 미래에는 오히려 사람이 자동차를 운전하는 게 금지될 수도 있어. AI가 사람의 일을 대신하는 세상에서, 운전이나 조종 같은 일들 역시 AI가 대신하는 것이지.

지금까지 말한 것처럼, 반드시 그런 것은 아니지만, '무인'이나 '친환경' 같은 것들이 모빌리티의 방향성이라고 할 수 있어. 그러니 지금의 모빌리티가 미래형으로 발전하는 것은 AI에 의해 자동화되어 가는 세상의 흐름으로 보자면 당연한 일이고, 지구가 처한 환경 문제를 위해서도 필연적인 일인 거야.

모빌리티 발전이 도시를 만들었어

이동 수단, 즉 모빌리티는 옛날부터 정말 중요한 인간의 도구였어.

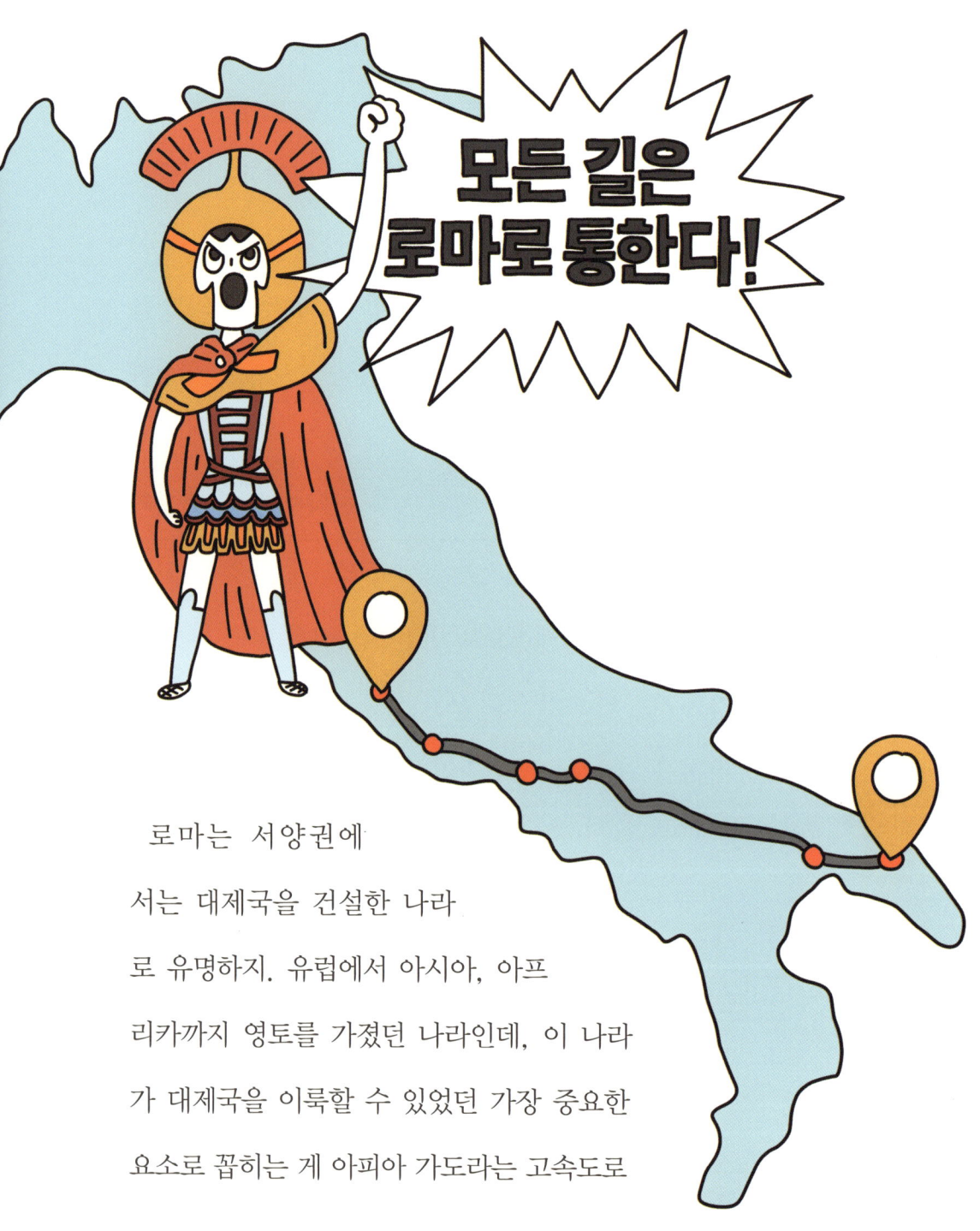

로마는 서양권에서는 대제국을 건설한 나라로 유명하지. 유럽에서 아시아, 아프리카까지 영토를 가졌던 나라인데, 이 나라가 대제국을 이룩할 수 있었던 가장 중요한 요소로 꼽히는 게 아피아 가도라는 고속도로

건설이야. 제국의 어떤 영토에라도 빠르게 도달할 수 있게 오늘날의 고속도로 같은 길을 뚫음으로써 물자와 사람을 빠르게 수송할 수 있었지. '모든 길은 로마로 통한다.'라는 말 들어 본 적 있지? 바로 이 아피아 가도가 당시에 어떤 역할을 했는지 짐작하게 해 주는 말이야.

로마는 이 아피아 가도를 통해서 교통의 중심지가 되었는데, 그것은 곧 권력의 중심이라는 말도 되는 것이었어. 2천 년 전에 만들어졌던 도로를 지금도 쓰고 있다고 하니, 이 도로가 얼마나 효율적으로 건설되었는지 알 수 있지.

동양권에서는 칭기즈 칸의 몽골 제국이 엄청난 대제국을 이루었어. 이들이 이런 힘을 가질 수 있었던 가장 핵심적인 요소 역시 이동성이야. 말을 기막히게 잘 다루는 사람들이었거든.

혹시 햄버거가 어디서 비롯되었는지 아니? 바로 몽골이야. 서양에서 생긴 거 아니냐고? 그렇지 않아. 몽골 제국의 병사들은 전쟁에 나갈 때 고기를 얇게 저며 말안장 밑에 깔고 다니다가 말 위에서 먹곤 했는데, 이게 바로 햄버거의 기원이야. 음식을 만들거나 밥을 먹을 시간도 아끼며 말을 이용한 빠른 이동에 집중한 결과, 대제국을 이룰 수 있었던 거지.

전쟁이 아니더라도 말, 수레, 가마 같은 것들은 인간의 생활을 윤택하게 만들어 주었어. 그리고 그 이후에 나온 기차, 비행기, 배 같은 이동 수단은 인간의 생활을 확장시켜 주었지.

과거에 여행은 최상류층이나 누릴 수 있는 사치였거든. 먼 곳까지의 이동은 쉽지 않았어. 많은 비용과 시간이 들어가는 일이었으니까. 예를 들어, 조선 시대 사람들은 대부분 태어난 곳에서 반경 40킬로미터를 벗어나지 못하고 살았다고 해. 외국은커녕 금강산 유람도 못 갈 정도여서,

양반들의 평생 소원이 금강산 유람이었을 정도라나. 이 같은 사정은 세계 어느 나라나 똑같았지.

그런데 여러 이동 수단이 나오기 시작한 거야. 프랑스에서 자전거가 발명되었고, 영국에서 만들어진 증기 기관은 증기 자동

차를 만들어 냈어.

 처음에는 귀족들이나 사용할 수 있었던 이런 이동 수단들이 시간이 지나 대형화되면서 버스나 기차 같은 대중교통이 만들어졌고, 그 대중교통으로 인해 국내 여행은 물론이고 국외 여행도 자유롭게 할 수 있게 된 거야.

 그런데 이동 수단의 발달로 인한 인간 생활의 확장은 여행이라는 측면에서만 이루어진 게 아니야. 우리의 일상생활에 큰 영향을 주어 삶의 방식을 변화시켰어. 그중에서도 자동차가 말이야.

 마차나 자전거 같은 발명품들이 인간의 이동성을 확장시키긴 했지만, 삶의 방식을 변화시킨 것은 자동차야.

　미국의 헨리 포드가 1913년에 공장형으로 이루어진 자동차 조립 생산 라인을 도입하면서, 자동차는 본격적으로 대중에게 보급되기 시작했어.

　이전까지만 해도 사람들은 일하는 곳과 사는 곳이 그렇게 멀리 떨어져 있지 않았거든. 대개는 걸어서 출근을 해야 하니, 일터 근처에 살 곳을 마련했지. 아니, 자기가 사는 곳 근처에 있는 일자리를 얻었다고 하는 게 더 맞을 거야. 그러다 보니 할 수 있는 일도 제한되었어. 생각해 봐. 집에서 걸어갈 수 있는 거리에 있는 직장만 다닐 수 있다면 선택의 폭이 좁을 수 밖에 없을 거야.

　그런데 포드 자동차가 대량으로 생산되기 시작하면서 최상류층이나 타던 자동차가 중산층에도 보급되기 시작했어. 자

동차로 출퇴근하는 사람들이 생겨나기 시작한 거지.

당시에는 공장이 도시에 있었는데, 공장 근처에는 가난한 사람들이 살았어. 중산층들은 좀 더 쾌적한 환경에서 살고자 도시 외곽에 집을 얻기 시작했지. 자동차가 있으니까 조금 멀리 떨어져 있어도 출퇴근할 때 상관없었거든. 그러면서 도시가 조금씩 확장되기 시작했어.

그리고 대중교통이 생기면서 자동차가 없는 사람도 도시 외곽에 살 수 있게 되었어. 도시 외곽에 사람들이 살기 시작하니 상점이나 마켓 같은 것도 생겼겠지? 그리고 자동차가 잘 다니게 하기 위해서는 도로를 만들어야 하는데, 일하는 곳과 사는 곳을 잇는 도로 근처 지역에도 가게들이 생기기 시작한 거지. 이런 식으

로 점점 도시의 크기는 확장되었고, 대도시가 생겨났어.

도시라는 개념은 옛날부터 있었지만, 그 전에는 왕이나 지방 귀족들이 사는 행정 중심지와 그 행정을 뒷받침하는 사람들이

모여 사는 곳 정도를 말했어. 그런데 이동 수단이 발전하면서, 이제 도시는 경제, 문화, 행정 등 모든 것이 모이는 곳이자 이런

것들을 돌아가게 만드는 사람들이 모여 사는 곳이 된 것이지. 그게 오늘날의 대도시야.

1648년에 조선에서 가장 큰 도시인 한양의 인구는 95,569명

이었어. 그때가 인조 임금 때인데, 조선의 전체 인구수는 천만 명 정도였지. 전체 인구의 100분의 1 정도가 한양에 살았던 거야. 이때만 해도 멀리까지 이동하기가 쉽지 않았기 때문에, 경기도에 살면서 한양에서 일하는 사람은 없었고 말이야.

반면 2023년 7월 현재 우리나라 인구는 5,100만 명을 좀 넘는데 우리나라에서 가장 큰 도시인 서울 인구는 950만 명 정도야. 게다가 경기도나 인천광역시에 살면서 서울로 출퇴근 하는 사람들도 많잖아. 이 지역들을 포함해 수도인 서울을 중심으로 한 대도시권을 수도권이라고 하는데, 경기도와 인천광역시의 인구가 1,660만 명 정도야. 서울 인구까지 합치면 수도권 인구가 무려 2,600만 명이 넘는 거지. 대한민국 인구 4분의 1이 수도권에 모여 사는 거야. 정말 엄청나지?

오늘날 우리가 아는 대도시라는 개념은 사실은 이동 수단, 즉 모빌리티의 발전이 없었다면 불가능했을 거야. 그러니 모빌리티의 발전이 오늘날의 대도시 개념을 만든 것이나 마찬가지라고 할 수 있어.

지금 우리는 어떤 것들을 타고 있을까?

과거 모빌리티는 이동성에 집중해서 발전했어. '어떻게 하면 조금이라도 빨리 이동할까?'가 발전의 방향이었던 거지. 그런데 오늘날의 모빌리티들은 빠르게 이동하는 것은 물론이고, 거기에 덧붙여 편리성과 안전성을 추구하고 있어.

모빌리티의 가장 대표적인 주자는 자동차인

데, 지금 차를 선택할 때 가장 중요한 기준 중 하나가 승차감이야. 승차감은 달리는 차 안에서 사람이 얼마나 안락함을 느끼느냐 하는 거야.

예전에는 승차감보다는 빨리 가는 게 중요했어. 그러니 승차감을 좌우하는 기술보다는 엔진 같은 출력 기술에 집중했지. 하지만 아무리 자동차가 빨라져 봤자, 도로에서 달릴 수 있는 속도에는 제한이 있다 보니 어느 정도 기술이 발달한 다음에는 빨리 달리는 것은 그렇게 중요한 문제가 아니게 되었어.

예를 들어, 어떤 사람이 차로 출퇴근을 하고, 두 달에 한 번 정도 고속도로를 달린다고 해 봐. 도시 안에서는 시속 60~80킬로미터 속도를 내기도 어렵고, 고속도로도 시속 100킬로미터 정도가 제한 속도야. 이런 사람에게 시속 300킬로미터로 가는 차가 필요할까?

그러다 보니 이제는 차를 만들 때 얼마나 빨리 달릴 수 있는가보다 얼마나 편안한가, 편리하게 사용할 수 있는가 같은 문제들이 더 중요해진 거야.

자전거도 단순히 잘 가고 못 가고 하는 수준을 떠나서 지금은 다양한 용도로 나뉘고 있어. 생활 자전거, 로드 사이클, 여행용 투어링 자전거, MTB 산악자전거, 접이식 폴딩 자전거 등으로 말이지. 이름을 통해 짐작할 수 있듯이, 각 자전거들은 해당 용도에 맞춰 사용할 때 최적의 성능을 내고 가장 편리하게 사용할 수 있도록 발전한 거야.

항공이나 배 같은 경우, 지금까지는 대형화로 가는 흐름이었어. 가급적 많은 인원이나 짐들을 한꺼번에 실을 수 있어야 경제적으로 이익이 되었거든. 그래서 항공기나 배는 가능한 한 크게 만드는 데 기술이 집중되었어. 그리고 한 대를 만드는 데 드는 비용이 워낙 크다 보니 아무나 만들 수 없었고, 만들던 회사에서만 계속 만들게 되는 경향이 있었지. 우리나라의 경우 대형 항공기는 못 만들지만, 대형 배를 만들 수 있는 조선소는 발달해서 세계적인 조선 강국으로 이름이 높아.

이런 대형 항공기나 배는 사고가 나면 큰 사고로 이어지기 쉽기 때문에, 최우선적으로 고려되는 것은 안전성이야. 그래서 조종이나 관리 면에서 자동화되어 있는 경우가 많아. 비행기 같은 경우는 이착륙 외 대부분의 운항은 자동 항법 장치로 이루어지곤 하지.

　그러니까 지금의 모빌리티들은 엔진 출력 같은 기계적인 부분보다는 오히려 승차감, 안전성, 편의성 등에 더 무게를 두고 발전하고 있다고 할 수 있어.

스스로 움직이는 미래의 자동차

그러면 미래의 모빌리티들은 어떤 점이 가장 중요할까?

전기차이자 자율 주행차로 유명한 테슬라라는 자동차가 있어.

테슬라가 목표로 하고 있는 것은 완전 자율 주행인데, 차가 스스로 움직이고 작동한다는 얘기야. 사람이 어디를 가자고 이야기하면 차가 알아서 목적지까지 데려다 준다는 거지. 영화에서 본 것처럼 말이야.

차가 완전 자율 주행을 하면 사람은 운전할 필요가 없어. 그냥 앉아서 도착할 때까지 기다리면 되는 거야. 버스나 택시, 혹은 지하철 같은 대중교통을 타고 있는 것이나 비슷한 셈이지.

그런데 대중교통을 탔을 때 내가 할 수 있는 것은 책을 읽거나, 음악을 듣거나, 스마트폰을 하는 정도밖에 없어. 하지만 자가용은 개인적인 공간이니, 이 안에서는 편안한 자세로 영화를 본다든가 업무를 처리한다든가 공부를 한다든가 심지어 누워서 잠을 자거나 식사를 할 수도 있어. 그러면 이동하는 시간은 말 그대로 '이동할 때 걸리는 시간'이 아니라, 무언가 '다른 일을 하는 시간'으로 대체될 수 있는 거야.

예를 들어, 가족 여행으로 부모님과 여행을 가야 하는데 학교 숙제가 많아서 걱정일 때가 있지? 그럴 때 만약 가는 차 안에서 마치 우리 집 책상에 앉아서 공부하는 것처럼 숙제를 할 수 있다면 어떻겠어? 뭐? 차 안은 좁아서 책을 펴 놓고 공부하기 불편하다고? 물론 지금은 그럴 수 있어. 하지만 완전 자율 주행이 이루어진 미래 모빌리티 차는 어차피 사람이 운전할 필요가 없으니 지금 같은 차 모양이 아니라 마치 네모난 상자 같은 모습이 될 수도 있거든. 공간을 활용하기 더 쉽도록 말이야. 그 상자 안을 사무실이나 공부방, 휴게실, 영화관 같은 모습으로 꾸미는 거야. 그럼 숙제를 미처 못 한 너희를 위해 부모님이 공부방으로 꾸며진 모빌리티를 이용해 여행지로 이동하면 되는 거지.

그리고 하늘을 나는 자동차는 대표적인 미래 모빌리티인데, 하늘을 나는 자동차가 대중적으로 쓰이게 되면 서울에서 인천 공항까지 20분이면 도착하게 돼. 지금은 한 시간 넘게 걸리는데, 이 시간을 획기적으로 단축하게 되는 거야. 거기다가 완전 자율 주행이 되어서 무인으로 운영이 되면 인건비가 절약이 되기 때문에, 택시로 이동하는 것보다 더 돈이 적게 들 거라는 예측도 있어. 더 싸고, 더 빠르다면 이용하지 않을 이유가 없겠지? 대신 안전은 보장이 되어야겠지만 말이야.

기차의 경우는 하이퍼루프라는 초고속 열차를 개발하고 있어.

하이퍼루프는 터널 같은 것을 만들고 그 안에 공기나 자기장으로 차량을 공중에 뜨게 한 다음, 터널 안으로 쏘아 보내는 형태의 운송 수단이야. 이 터널은 튜브 모양인데, 튜브 안은 공기가 없는 진공 상태야. 허공에 떠서 움직이는 것이니 바퀴와 선로의 마찰이 없어서 속도를 내는 데 방해받을 요소가 없지. 그래서 최고 속도가 시속 1,280킬로미터까지 나올 수 있대. 이 정도 속도면 서울에서 부산까지 16분이면 도착해. 그럼 서울 사는 사람이 저녁 때 부산에 가서 친구를 만나 밥을 먹고 바로 그날 돌아올 수도 있을 거야. 거리가 너무 멀다는 이유로

못 만난다든가, 일을 못 한다든가 하는 일은 없어지겠지? 부산에 사는 사람이 서울로 학교를 다닐 수도 있을 테고 말이야.

모빌리티 발전? 모빌리티 혁명!

이러한 이유들 때문에 미래 모빌리티의 발전은 단순한 발전을 넘어서 '혁명'이라고까지 표현해. 생각해 봐. 사람이 조종하지 않아도 움직이는 자동차와 하늘을 나는 자동차 그리고 엄청난 속

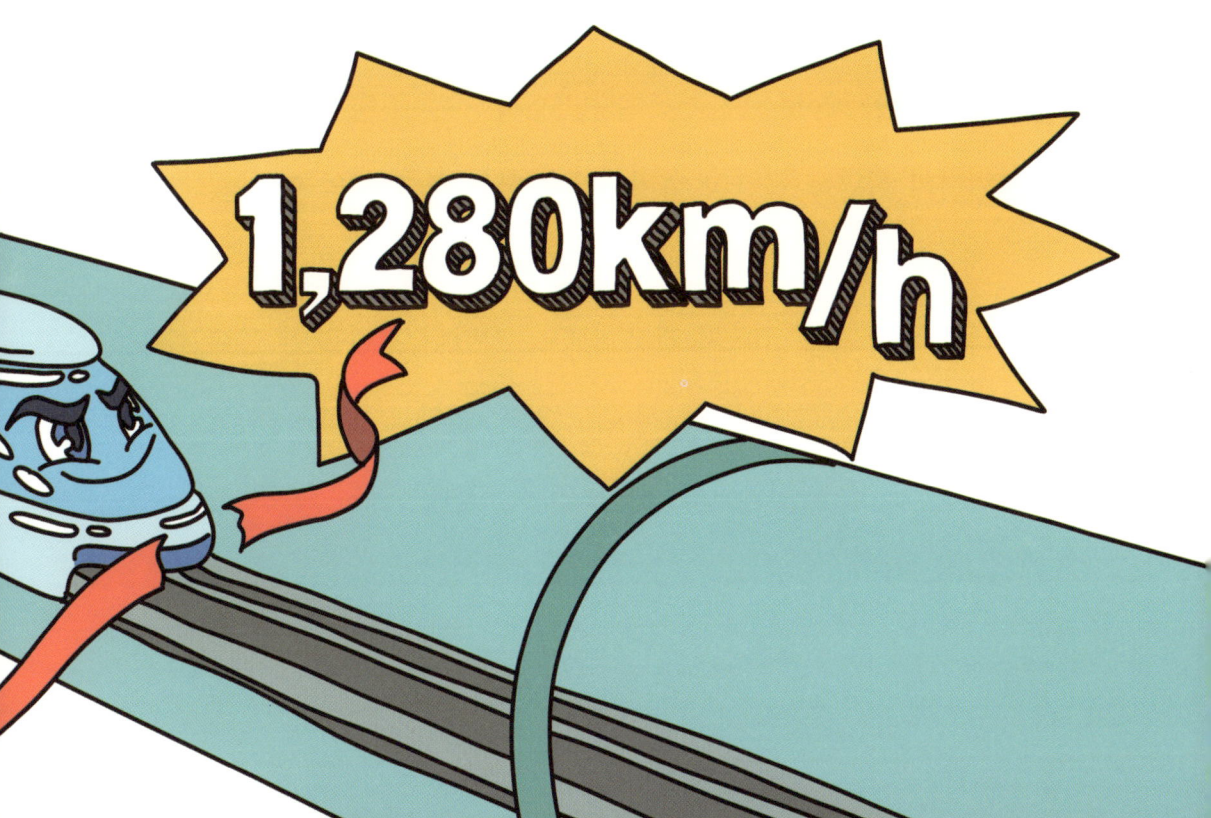

도의 하이퍼루프까지, 지금하고는 완전히 다른 모빌리티들이잖아. 그러니 혁명이라고 할 만하지.

모빌리티 혁명은 단순히 탈것의 혁신이 아니라, 공간의 혁명이자 시간의 혁명이야.

공간의 혁명이라고 하는 이유는 두 가지야.

우선, 탈것들이 매우 빠른 속도가 되면서 이동에 필요한 시간을 확 줄여 주잖아. 게다가 개인 이동 수단인 전동 킥보드나 전동 휠 등은 자동차가 갈 수 없는 장소에도 빠르게 접근할 수 있게 해 주지. 그러니까 이것들과 대중 모빌리티를 잘 연결하면 매우 빠르게 우리가 원하는 장소로 이동할 수 있어. 그러면 우리는 공간 사이의 거리가 가까워진 것 같이 느끼게 되겠지? 그래서 공간의 혁명인 거야.

모빌리티 혁명을 공간의 혁명이라고 하는 또 하나의 이유는, 우리가 이동하는 시간에 다른 것을 할 수 있게 해 주기 때문이야. 특히 완전 자율 주행차 같은 경우는 사람이 운전을 할 필요가 없어지니 이동하면서 편안히 책도 읽고, 음악도 듣고, 영화도 감상할 수 있어. 와이파이로 연결하면 차 자체를 마치 스마트폰처럼 쓰면서 갖가지 검색이나 인터넷 서핑도 할 수 있지.

　이동하는 시간동안 내가 하고 싶은 것을 하는 데에 집중할 수 있게 되면, 시간이 빨리 가는 것처럼 느껴질 거야. 가끔 게임을 하다 보면 시간이 나도 모르게 훅 지나가 버릴 때가 있잖아. 바로 그런 거야. 이동하는 시간에 자신이 푹 빠질 만한 일을 함으로써, 시간이 지난 줄도 모르게 다른 곳으로 이동하게 되는 거지. 이런 것을 조금 어려운 말로 '공간 사이의 물리적 거리감이 사라진다.'라고 해. 그래서 모빌리티를 이야기할 때 이동 수단의 혁명이라는 말보다는 공간의 혁명이라는 말을 더 많이 쓰는 거야.

　그리고 여기서 한 단계 더 나아가면 모빌리티 혁명은 시간의 혁명이기도 해. 결과적으로는 이동 수단의 성능을 높여서 '걸리는 시간을 줄이고', 이동 수단의 활용성을 높여서 '시간을 확장한다.'고 할 수 있으니까. 그래서 모빌리티 혁명은 시간 혁명이라고도 부를 수 있는 거야. 인간은 모빌리티의 발전을 통해 시간 혁명에 도달하는 거지.

　어때? 모빌리티의 발전을 위해 세계적인 기업들이 애쓰는 이유가 있는 거 같지?

② 새로운 모빌리티를 만나 봐!

사람이 운전하면 불법?
자율 주행차

전 세계에 가장 많이 보급된 모빌리티는 차일 거야. 그래서 차가 발전한다는 것은 전 세계적인 변화가 일어난다는 이야기와 마찬가지지.

지난 100여 년 간 차는 '더 빠르게', '더 편안하게'라는 방향으로 발전을 거듭해 왔지만, 완전히 파격적인 변화는 없었어. 하지만 이제 우리는 차가 진화를 해서 다른 존재가 되는 것을 보기 직전에 와 있어. 바로 자율 주행차야.

차가 알아서 인간을 원하는 곳까지 데려다준다는 것은, 사실 차의 모양을 하고 있지만 이동 목적의 로봇이나 마찬가지라는 거야. 보통 우리는 로봇을 사람 모양으로만 생각하는데, 그렇지 않아. 커피를 내려 주는 로봇은 팔만 있는 경우도 있고, 주차 로봇은 바퀴와 판만으로 이루어지기도 하거든. 로봇은 '어떤 작업이나 조작을 자동으로 할 수 있는 기계 장치'를 말하니, 자율 주행차는 이동을 목적으로 하는 차 모양의 로봇인 거지.

그래서 차가 자율 주행으로 바뀐다는 얘기는 사회적, 경제적으로도 혁명적인 변화가 생긴다는 걸 의미해. 자동차 산업이 로봇 산업으로 바뀌는 것이니까 말이야.

그런데 자율 주행이라는 게 도대체 어떤 것을 말하는 것일까? 자율 주행이라고 하면 그냥 차가 알아서 운전을 하는

것을 의미하는 것 같지만, 그렇게 되기 전까지의 단계도 자율 주행이라는 말을 쓰기 때문에 좀 헷갈릴 수 있어.

자율 주행은 보통 5단계로 구분해. 1단계는 운전자가 운전하기 편하게 지원하는 수준으로, 운전자가 별도의 조작을 하지 않아도 차가 일정 속도를 유지해 줘. 앞차와의 거리도 유지해 주지. 2단계는 1단계에 차선 유지 기능 같은 것이 더해진 거야. 속도와 방향이 어느 정도 자동으로 조종되는 것이지. 다만 차가 자동으로 일정 속도와 방향을 유지한다 하더라도 운전자는 핸들에서 손을 떼면 안 돼.

3단계는 자동차 전용 도로처럼 돌발 상황(예를 들면, 골목에서 튀어나오는 어린아이 같은)이 적고 운전하기 쉬운 환경

에서는 사람이 운전대에서 손을 놓고 있어도 될 정도로 차가 스스로 조종해. 4단계까지 가면 차는 웬만하면 스스로 움직여. 다만 안개가 너무 꼈다거나 비나 눈이 와서 센서가 오작동할 여지가 있는 날처럼 특별한 조건에서는 인간이 개입해야 하지.

마지막 단계인 5단계는 운전자가 없어도 되는 완전 무인화 단계야. 아마 너희가 어른이 될 때쯤에는 5단계인 완전 자율 주행차를 타고 다니게 될 거야. 이 단계가 되면 우리는 차를 차라고 부르지 않고 이동 로봇이라고 불러도 돼.

완전 자율 주행이 가능해지면 사람이 운전할 필요가 없으니 차의 형태도 지금과는 달라질 가능성이 많아. 우리가 알고 있는 차의 모양은 바퀴 위에 상판을 얹고 의자를 장착한 후에 바람의 저항을 효과적으로 피하기 위해 유선형으로 만들어진 거

잖아. 그런데 사람이 직접 운전할 필요가 없어지면 이런 형태를 고집할 이유가 없거든. 그래서 아예 네모 상자 모양으로 차를 만들고, 그 안을 사무실이나 침대, 병원, 영화관처럼 꾸민 차가 나올 거라고 해.

이런 차를 '목적 기반 모빌리티(PBV)'라고 해. 목적에 맞게 차의 내부를 꾸미고 그에 맞게 사용하는 자동차라는 거야. 밥을 먹기 위한 식당차는 식당처럼 꾸미고, 영화관 차는 영화관처럼 꾸미는 거지. 회의를 해야 하는 사람을 위해서는 회의실, 공부를 할 사람들을 위해서는 독서실 모양의 차를 만들어서, 그 목적에 맞게 이동하면서 효과적으로 시간을 쓸 수 있게 하는 거야. 그래서 '목적' 기반 모빌리티인 거지.

영화를 찢고 나온 하늘을 나는 자동차 UAM

'도심 항공 모빌리티'인 UAM은 이해하기 쉽게 말하자면 '하늘을 나는 자동차'야. 영화를 보면 미래 장면에서는 항상 하늘을 나는 자동차가 나오잖아. 그 미래가 무척 먼 것 같지만, 그렇지

도 않아. 남의 나라 일도 아니고 말이야. 정부의 기술 발전 계획에 의하면 우리나라에서는 늦어도 2030년까지는 하늘을 나는 자동차를 일상적으로 만날 수 있어.

앞서 너희가 어른이 되면 자율 주행차를 타고 다닐 것이라고 말했는데, 전문가들 중에는 자율 주행차보다 하늘을 나는 자동차가 더 먼저 대중화될 거라고 예측하는 사람도 있어. 자율 주행차는 도시의 복잡한 도로에서 사용하기에 변수가 너무 많아서 어려운데, 하늘의 상황은 그렇게 복잡하지 않거든. 구름 뒤에서 갑자기 자전거 탄 아이가 튀어나올 염려는 없으니까 말이야. 그래서 하늘을 나는 자동차가 자율 주행차보다 훨씬 쉬울 거라는 거야.

UAM을 이해하기 위해서는 전동 수직 이착륙기인 eVTOL에 대해 먼저 알아야 해. 말이 좀 어렵다고? 지금부터 하는 설명을 들으면 이해가 될 거야.

'전동'은 전기를 사용한다는 말이야. 요즘은 석유로 움직이는 자동차 대신 이산화 탄소 배출량을 줄이기 위해 전기로 움직이는 전기차가 많이 보급되고 있잖아. eVTOL은 아예 개발 때부터 배터리를 이용해서 전기를 사용하도록 만들었어. '수직 이착륙'은 활주로가 필요 없이 서 있는 자리에서 그대로 위로 이륙하고 아래로 착륙한다는 말이야. 헬리콥터처럼 말이야. 생각해 봐. 이착륙을 위해 비행기처럼 활주로가 필요하다면, 도심에서 사용하기 쉽지 않겠지? 그럴 만한 공간이 부족하니까 말이야. 그래서 활주로 없이 뜨고 내릴 수 있게 만든 거야. 혹시 드론을 본 적 있니? 그 드론이 사람이 탈 만큼 커진 게 eVTOL이라고 보면 돼.

그러면 헬리콥터와는 뭐가 다를까 생각하는 사람도 있을 텐데, 가장 다른 점은 소음이야. eVTOL은 기본적으로 지금 거리에 다니는 트럭보다 더 큰 소음을 낼 수 없어. 만약 헬리콥터처럼 시끄러운 기계들이 도심 상공을 몇 백 대씩 날아다니게 되면, 사람들은 엄청난 소음에 시달리게 될 거거든.

또한 헬리콥터는 기름을 사용하고 비교적 많은 사람이 타는 데 비해서, eVTOL은 전기를 사용하고, 보통 2~4인승 정도의 소형이야. 형태도 다양해서 드론처럼 프로펠러만 쓰는 것도 있지만, 날개와 프로펠러가 같이 달려 있는 것도 있어. 이착륙할 때는 프로펠러를 사용하지만, 하늘을 날아다닐 때는 날개를 활용하는 거야. 조금 더 효율적이겠지?

전 세계적으로 eVTOL은 이미 어느 정도 개발되어 있어. 그런데 항공 쪽은 안전 문제가 워낙 중요해서 운행해도 된다고 인증 받는 데 1~2년은 기본으로 걸리거든. 그래서 2025년쯤이 되어야 우리나라에서도 시험 비행이 이루어질 거야.

처음에 UAM이라고 하더니 왜 eVTOL에 대해서만 알려 주냐고? 자동차에 비유하자면 eVTOL은 '자동차' 자체이고, UAM은 '자동차 교통 시스템'이라고 할 수 있어. 자동차 교통 시스템에는 자동차도 들어가지만, 보다 더 큰 개념으로 도로, 신호등, 도로법 등 차를 운행하기 위한 여러 가지를 통틀

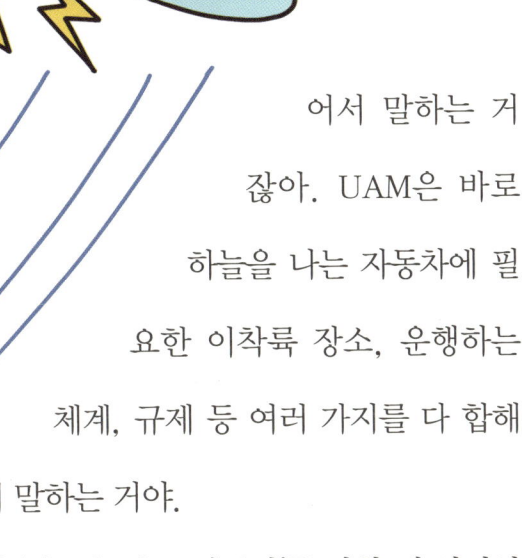

어서 말하는 거잖아. UAM은 바로 하늘을 나는 자동차에 필요한 이착륙 장소, 운행하는 체계, 규제 등 여러 가지를 다 합해서 말하는 거야.

그래서 '하늘을 나는 자동차'를 말할 때 엄밀히 말하면 eVTOL이라고 해야 하지만, 워낙 용어가 낯설어서 보통 UAM이라고 불러. 아마 하늘을 나는 자동차가 본격적으로 발달하기 시작하면 이 용어들은 정리가 좀 될 거야.

서울에서 부산까지 16분
하이퍼루프

혹시 KTX 타 본 적 있어? 그럼 KTX가 얼마나 빨리 달리는지 알고 있니? KTX는 보통 시속 250~300킬로미터 정도로 달린다

고 해. 한 시간에 250~300킬로미터를 간다는 거지. 고속도로에서 자동차가 달릴 수 있는 제한 속도가 보통 시속 100킬로미터

인 걸 생각하면, 자동차보다 최대 세 배 빠르게 목적지에 도착할 수 있는 거야.

그런데 미래에는 KTX보다 네 배 정도 빠른 이동 수단이 나올

거라고 해. 바로 1장에서 잠깐 이야기했던 하이퍼루프야.

하이퍼루프는 진공 터널을 달리는 열차야. 그런데 바퀴로 달리는 게 아니고, 공중에 뜬 채 마치 총알을 쏘듯이 쏘아 보낸다고 해. 어떻게 공중에 뜨냐고? 공기나 자기장을 이용해서 떠. 자석이나 전류끼리는 서로 끌어당기거나 밀어내는 힘이 있는데, 그 힘이 미치는 범위를 자기장이라고 해. 우리나라 영종도에도 있는 자기 부상 열차는 그런 힘을 이용한 이동 수단인데, 그것과 비슷한 원리라고 생각하면 돼.

바닥에 닿지 않은 채 떠서 움직이기 때문에 하이퍼루프는 물건과 물건이 닿을 때 생기는 마찰과 저항이 생기지 않아. 그리고 관 속을 진공으로 유지하기 때문에 공기에 의한 저항도 없지. 그래서 이론적으로 하이퍼루프가 낼 수 있는 최고 속도는 무려 시속 1,280킬로미터야. 서울에서 부산까지 16분이면 도착하는 속도지.

하이퍼루프는 진공 상태인 관을 만들어야 하니까 기존 철도보다 돈이 더 들어갈 것 같은데, 실제로는 그렇지 않다는 것이 큰 장점이야. 고속 철도를 건설하는 돈보다 10분의 1 정도로 만들 수 있고, 하이퍼루프를 움직이는 에너지도 튜브 관에 설치된 태양광 발전 시스템으로 얻게 되어서 친환경적이고 저렴하지.

제대로 만들면 철도보다 싼값에 훨씬 빠른 이동 수단을 갖게 되는 것이니, 전 세계는 지금 하이퍼루프 개발 경쟁에 뛰어든 상태야. 아직은 시험 운행 단계이긴 하지만 말이야.

현재 미국, 캐나다, 이탈리아, 네덜란드, 폴란드, 사우디 아라비아 등이 건설 계획을 갖고 있는데, 지금까지는 대부분 시험 운행이었어. 2017년에 미국이 사람을 안 태우고 시속 387킬로미터를 달성하기도 했고, 2020년에는 사람을 태우고 시속 172킬로미터로 달리는 것도 성공했어. 일본은 진공 관 속을 달리는 건 아니어서 하이퍼루프라고 할 수는 없지만, 그것을 응용해서 2027년 개통을 목표로 한 시속 500킬로미터급 자기 부상 열차 노선을 만들고 있어. 유럽은 2.5킬로미터 길이의 시험선을 만들고 있고, 중국도 진공이 아닌 상태에서 시험 운행을 통해 최대 시속 623킬로미터로 주행하는 데 성공했다고 발표했어.

우리나라도 하이퍼루프 개발 경쟁에 뛰어들었는데, 자기 부상 열차를 전 세계에서 세 번째로 상용화한 나라이니만큼 자기 부상 기술이 앞서 있거든. 하이퍼루프 개발 기술 중 중요한 것이 자기 부상 기술이기 때문에, 경쟁력이 있는 편이야. 2020년에 하이퍼루프를 17분의 1로 축소한 모형 시험을 통해 시속 1,019 킬로미터 주행에 성공하기도 했지. 앞으로 10년 안에 일반인들이 이용할 수 있게 하는 것을 목표로 열심히 개발 중이라고 해.

미래 도시에는 꼭 있어
어반루프와 터널루프

미래 도시를 그린 영화들을 보면 반드시 나오는 것들이 도시를 순환하는 고리 형태의 셔틀이나, 지하로 이동하는 교통 시스템이야. 그러니까 어반루

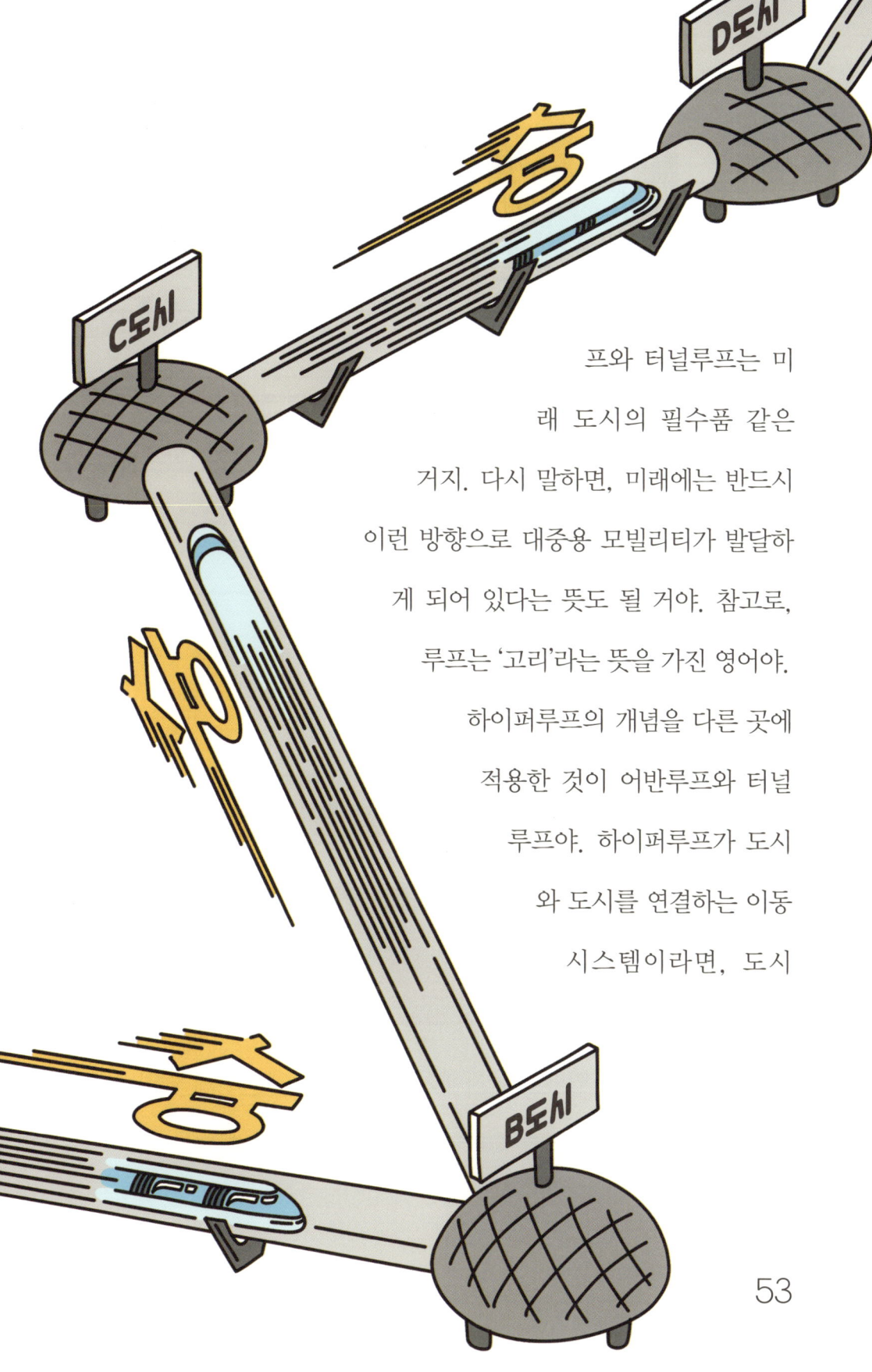

프와 터널루프는 미래 도시의 필수품 같은 거지. 다시 말하면, 미래에는 반드시 이런 방향으로 대중용 모빌리티가 발달하게 되어 있다는 뜻도 될 거야. 참고로, 루프는 '고리'라는 뜻을 가진 영어야. 하이퍼루프의 개념을 다른 곳에 적용한 것이 어반루프와 터널루프야. 하이퍼루프가 도시와 도시를 연결하는 이동 시스템이라면, 도시

안에서 터널을 만들어서 하이퍼루프 못지않게 빠른 속도를 구현하려는 것이 어반루프야. 우리나라는 부산이 어반루프를 이용해 15분 안에 도시 안 어디든지 이동할 수 있는 '15분 도시'를 만든다는 계획을 가지고 있어.

그런데 어반루프는 하이퍼루프의 개발이 이루어지면 부수적으로 따라오는 것이어서, 하이퍼루프와 묶어서 생각할 수도 있어. 다만 도시 안에서 그렇게까지 빠를 필요가 있을까 하는 의문이 남아 있지. 도시 안에서는 지하철로 이동해도 충분한데 굳이 KTX를 도입하는 꼴이니까 말이야. 그래서 어반루프에 대한 관

심은 다른 모빌리티들에 비하면 조금 덜한 편이야.

 어반루프보다 조금 더 현실성 있는 것이 터널루프야. 어반루프가 튜브 관을 지상에 건설하는 것이라면, 터널루프는 튜브 관을 땅속에 만드는 거거든. 도심을 관통하는 터널을 파고, 거기로 차나 탈것을 이동시키는 방식이지. 테슬라 자동차의 창립자인 일론 머스크가 미국 로스앤젤레스의 짜증나는 교통 정체에 화가 나서 처음 고안한 개념이래. 머스크는 생각만 하는 데서 그치지

않고, 직접 터널을 파기 시작했지.

그런데 사실 일론 머스크가 판 터널은 하이퍼루프의 터널과는 완전히 달라. 우리는 차로 산 밑을 통과하기 위해서 터널을 뚫잖아. 바로 그런 터널을 지하에 판 거야. 그 터널로는 일반적인 차를 이동시킬 수 있지.

매년 미국 라스베이거스에서는 CES라고 하는 세계 최대의 전자 제품 박람회가 열리는데, 2023년에 열린 CES에서 일론 머스

크는 터널루프를 공개하고 관람객들이 이용하게 했어. 이 터널루프는 라스베이거스 지하에 뚫은 터널로, 테슬라 자동차를 이용해서 사람들을 실어 날랐다고 해.

머스크는 라스베이거스 전역에 46킬로미터의 터널루프를 까는 공사를 하고 있는데, 이게 완성되고 테슬라 자동차의 자율 주행 기능이 적용되면 시속 240킬로미터로 주요 지점을 오가는 교통수단이 될 것이라고 말하고 있어.

이렇게 도심에 지하 터널을 뚫고 그곳으로 차를 통행시키면, 일단 교통 체증이 줄어. 그리고 지상의 날씨에 영향을 받지 않으니 비나 눈이 오거나 태풍이 불어도 안정적으로 운행할 수 있지. 그리고 지하로 차들이 다니기 때문에 지상 공간은 차가 없는 녹지나 공원으로 조성해서 이산화 탄소도 줄이고, 무엇보다 사람들이 여유로운 삶을 누리게 할 수 있을 거야.

그런데 차가 지나다닐 수 있을 만큼 큰 터널을 도심 지하 곳곳에 촘촘하게 뚫는 것은 쉽지 않은 일이야. 그리고 우리나라의 서울처럼 도시 곳곳을 지하철이 다닌다든지 도로가 잘 되어 있는 곳은 굳이 터널루프를 뚫을 필요가 없을 거야.

하지만 터널루프는 또 하나의 가능성을 보여 주고 있어. 사람이 다닐 만큼 크게 뚫지 않고 좀 작게 뚫어서 벨트 시스템으로 만들면 화물을 운반할 수 있거든. 도시 지하로 흐르는 거대한 물건들의 이동 통로를 만드는 거야. 물건들, 그러니까 상품들만 이동하는 것인데, 이렇게 되면 미래의 도시 안에서는 어떤 물건이라도 주문하고 한 시간 안에 받을 수 있는 시스템이 갖춰지게 되는 거야.

맡겨 줘! 물류의 이동
배송 로봇과 드론

　자동차, 비행기, 배, 기차가 실어 나르는 것은 사람뿐만이 아니야. 물건도 실어 날라. 인터넷 쇼핑몰에서 주문한 제주도 감귤이 경기도에 사는 내 손에 들어오기까지는 여러 이동 수단, 즉 모빌리티를 거치게 돼. 상품이나 원자재 같은 것들의 수송, 하역, 포장, 보관 등 이동의 전 과정을 '물류'라고 하는데, 물류도 모빌리티에서 중요한 부분이야. 모빌리티의 발전과 물류의 발전은 같이 가게 되지.

　그중에서도 제품이 완성되어서 소비자에게 전달되는 마지막 과정의 물류는 지금까지는 반드시 사람의 손을 거쳐야 했어. 배달 기사나 택배 기사분들이 우리가 주문한 제품을 가져다주잖아. 그런데 바로 이 부분까지 자동화되고 있어. 바로 배송 로봇을 통해서 말이야.

　'로봇'이라고 하니 혹시 사람처럼 생긴 안드로이드가 직접 물건을 가져온다고 생각하고 있니? 실망시켜서 미안하지만, 보통은 조그만 이동식 카트 같은 것들이 집으로 찾아오거나, 아니면 드론이 날아와서 주문한 제품을 떨어뜨리고 가는 형태야. 이렇게 되면 고객은 빠르고 정확하게 그리고 저렴하게 물건을 받게 되는 거야.

  미국의 대표적인 온라인 쇼핑몰 아마존은 현재 프라임 에어라는 프로그램으로 드론 배송을 시험하고 있어. 배송용 드론인 MK27-2는 시속 80킬로미터의 속도로 왕복 12킬로미터 정도를 비행할 수 있는데, 무게 2.5킬로그램 미만의 화물을 나를 수가

있어. 앞으로 계속 개선되면서 배송 거리나 운반 가능한 무게가 늘어나면 더 폭넓게 사용될 거야.

미국의 한 회사는 도미노 피자와 손잡고 피자 배달에 배송 로봇을 투입하는 시범 서비스를 시작하기도 했어. 중국의 온라인 쇼핑몰 알리바바는 샤오만뤼라는 배송 로봇으로 한 해에 100만 건을 배송하기도 했지.

우리나라 배달 앱인 배달의 민족에서는 딜리타워라는 배송 로봇을 서울 코엑스에서 시범 운영하고 있어. 딜리타워는 실내용 배달 로봇인데, 출입구나 엘리베이터와 연동되어서 복잡한 건물 안에서도 이동이 자유로워. 예를 들어, 코엑스 안에 있는 사무실에서 코엑스 지하에 있는 음식점에 배달을 시키면, 로봇이 그 음식점에서 음식을 받아서 사무실로 배달해 주는 거야.

이동의 마지막 퍼즐
퍼스널 모빌리티

모빌리티라는 말을 들었을 때 가장 많이 떠오르는 것이 차라면, 두 번째로 많이 떠오르는 것이 퍼스널 모빌리티일 거야.

'퍼스널 모빌리티'라는 말은 처음 듣는데 뭐가 두 번째로 많이 떠오른다는 거냐고? 하지만 전동 킥보드나 전동 휠은 들어 보지 않았어? 그게 바로 퍼스널 모빌리티야. 우리말로는 개인형 이동 장치라고 불러. 보통은 전기로 움직이는 1~2인용 단거리 저속 이동 수단을 말하지. 호버보드나 휴대용 전기 자전거도 퍼스널 모빌리티라고 할 수 있어.

퍼스널 모빌리티에 속한 이동 수단은 대부분 이미 사용되고 있는 것들인데, 왜 미래형 이동 수단이라고 하는지 궁금한 사람도 있을 거야. 퍼스널 모빌리티는 그 자체가 아니라, 다른 모빌리

티와 연결해서 이동의 완성을 이루기 때문에 미래형 모빌리티에 포함되는 거야. 예를 들어, 자율 주행 자동차 트렁크에 전동 킥보드를 넣고 가서 차로 접근 가능한 곳까지는 차로 가고, 비좁은 골목길이나 실내 같은 곳은 전동 킥보드로 이동하는 거야. 자동차와 퍼스널 모빌리티의 연결을 통해 이동을 완성하는 거지.

대표적인 퍼스널 모빌리티로는 전동 킥보드, 전동 휠 같은 것들이 있어. 현재 이것들은 시속 25킬로미터 정도로 속도가 제한되어 있지. 어차피 도시 안에서 짧은 거리를 이동할 거라서 속

도가 더 높을 필요는 없으니까. 하지만 휴대하기 간편하게 조금 더 가벼워질 필요는 있어. 지금은 20~30킬로그램이 나가는 것도 있는데, 훨씬 가벼워져야 해. 그러려면 배터리 무게가 줄어야 해. 배터리 성능도 좋아져서 보다 오래 가고, 보다 가벼워져서 가방처럼 메고 다녀도 전혀 부담이 없는 정도까지 돼야 하지.

호버보드는 아직은 가상의 탈것이라고 봐야 해. 공상 과학 영화에서 하늘을 나는 보드인 호버보드가 등장한 이후 많은 기업들이 그런 보드를 구현하려고 노력했지만, 아직까지 제대로 작동되는 것은 없어.

실제 호버보드가 나오기 위해서는 반중력 장치가 개발되어야 해. 우리 주위에서 볼 수 있는 스케이트보드는 판에 바퀴만 달려 있는 거잖아. 동력 장치가 따로 없어서 사람이 발을 굴러서 출발을 해야 해. 영화에서 나오는 호버보드는 바퀴조차 없고 상판만 있거든. 대신 그 상판이 반중력 처리가 되어 있어서 하늘에 뜨는 거야.

비행기처럼 하늘에 뜨려면 동력 장치, 즉 엔진이 있어야 해. 그런데 동력 장치가 없이 하늘에 뜨려면 반중력 장치가 있어야 하는 거지. 중력의 영향으로부터 자유롭게 만드는 장치 말이야. 우리는 지구가 끌어당기는 힘인 중력에 의해 땅에 발을 딛고 있는 거잖아. 위로 점프를 해도 바로 땅에 떨어지고. 그러니 땅으로 떨어지지 않고 하늘에 뜨는 호버보드를 만들려면 먼저 반중력 장치가 개발되어야 한다는 거지.

하지만 아직까지 반중력에 대한 연구는 성과를 낸 것이 없어. 그래서 당분간은 호버보드가 현실에서 선보일 가능성은 없다고 할 수 있지. 하지만 원래 과학은 꿈을 현실로 바꾸는 작업을 계속해 왔거든. 한 사람이라도 꿈꾸는 사람이 남아 있다면 언젠가는 이루어질 수도 있을 거야.

사실 퍼스널 모빌리티는 상상력의 힘으로 보자면, 얼마든지 새로운 것들이 나타날 수 있는 영역이야. 영화 〈아이언맨〉에서 나오는 아이언맨처럼 하늘을 날게 해 주는 슈트도 퍼스널 모빌리티로 분류할 수 있어. 제트팩을 가방처럼 메고 사람이 혼자서 하늘을 날고자 하는 시도는 지금도 계속되고 있거든. 신발 안에 내장된 바퀴가 전동으로 굴러가는 신발형 전동 롤러블레이드가 나와서 일상생활에서 매우 유용하게 쓰일 수도 있지. 그래서인지 앞으로 어떤 퍼스널 모빌리티들이 나올지 기대가 돼.

발전하는 모빌리티의 문제점

모든 발전에는 당연히 문제점도 따르기 마련이야. 기존에 없던 것들이 새롭게 만들어지는 것이니 좋은 영향과 나쁜 영향이 다 존재하지. 모빌리티 역시 마찬가지야. 그렇다면 모빌리티의 발전에는 어떤 문제점들이 있을까?

우선, 양극화를 꼽을 수 있어. 모빌리티가 발전하고 그것을 적용하는 데에는 많은 비용과 기술이 필요한 만큼, 그 비용과 기술을 가진 나라가 먼저 모빌리티의 혁신을 대중화시킬 수 있어. 그런데 그 혁신이 더 많은 부와 가치를 이 나라들에게 선사하면서, 후발 주자가 따라올 수 없게 격차를 벌리게 될 거야. 잘사는 나라는 더욱 잘살게 되고, 못사는 나라는 계속 못살게 되는 양극화가 일어나는 거지.

또 하나의 양극화는 같은 나라 사람들 사이에서 일어나. 앞서 하늘을 나는 자동차라고 소개한 UAM을 예로 들어 볼게. 정부가 발표한 한국형 UAM 계획에 따르면, 잠실에서 인천 공항까지 초창기 요금은 무려 1인당 20만 원 정도야. 2035년쯤에는 이 가격을 택시 요금 정도로 떨어뜨린다고는 하는데, 일단 초창기에는 UAM을 이용하려면 꽤 큰 돈이 필요해. 지금 서울에서 인천 공항까지 택시로 가면 6만 원 정도가 들고, 전용 리무진 버스를 타면 2만 원 정도, 공항 철도를 이용하면 1만 원 정도야. 지하철을 타면 5천 원 정도면 갈 수 있지. 물론, 가는 데 걸리는 시간은 비용을 많이 들일수록 줄어들어.

돈 있는 사람은 20만 원을 내고 UAM을 타면 서울 잠실에서 인

천 공항까지 20분이면 갈 수 있어. 하지만 돈이 부족하면 5천 원을 내고 지하철을 타야 해. 누구는 20분만에 가는 거리를 두 시간이 걸려야 가는 거야. 이걸 다르게 생각하면, 부자들은 한 시간 40분이라는 시간을 돈으로 사게 되는 거야. 모빌리티의 발전은 결국 돈 있는 사람이 돈으로 시간을 사게 만드는 기술이라는 것을 알 수 있어.

이러한 문제를 해결하기 위해서는 처음부터 모빌리티를 이용할 때 대중적으로 이용할 수 있는 방법을 많이 만들어야 해.

우선은 요금이야. KTX의 경우, 출퇴근자를 위한 정기권이 따로 있어. 정기권을 이용하면 일반 승차권보다 훨씬 저렴하게 KTX를 탈 수 있지. 이처럼 대중적으로 이용할 수 있는 요금 체계를 만들면 보다 많은 사람이 새로운 모빌리티를 이용할 수 있어.

지하철을 타야 하나?

대중용 모빌리티의 개발도 중요해. 자동차를 예로 들면, 처음에는 승용차가 발명되었지만 나중에는 버스가 나와서 보다 많은 대중에게 이용 가능한 이동 수단을 제공했듯이, 대중용 모빌리티도 개발을 해야 하는 거야.

이런 대중용 모빌리티가 개발되기 전에는 요금 할인 제도를 만든다든가 하는 방법으로 보다 많은 사람이 이용할 수 있게 해야 해. 최신 기술이 부자들의 전유물이 되지 않도록 말이야.

나라 간의 격차를 해소하기 위해서는 선진국의 양보와 지원이 필요해. 모빌리티의 발전은 전 세계를 연결하는 결과를 가져와. 하지만 연결은 혼자만 할 수 있는 게 아니잖아. 내가 아닌 다른

상대와 연결하는 거지. 연결의 다양성을 확보하는 면에서 선진국에도 도움이 되는 일이니, 선진국들은 개발 도상국에 최신 모빌리티 기술을 지원하고 도와주어야 하는 거지.

모빌리티 발전이 가져올 또 다른 문제로는 안전 문제가 있어. 특히 자율 주행차는 이미 상용화된 것들이 있어서, 실제 여러 문제들이 드러났지. 자율 주행차는 사람이 아닌 기계가 운전을 담당하는데, 이 기계들에는 항상 고장의 위험이 존재하거든. 그런데 문제는 자율 주행차가 고장 난다는 것은 TV가 고장나는 것과는 차원이 다르다는 거야. 당장 그 안

에 타고 있는 사람과 그 주변을 걷고 있는 사람들의 목숨이 위험해지는 문제니까 말이야.

고장이 아니더라도 도로는 갖가지 돌발 상황이 일어나는 곳이라, 매우 발달한 센서들이 아니면 모든 상황을 다 감지하기는 정말 힘들어. 특히 기계가 가진 데이터에 없는 상황이 발생하게 되면, 상황 파악조차 제대로 하지 못해.

2020년에 대만에서는 자율 주행차가 전복된 화물차로 돌진하는 사고가 있었어. 그 화물차는 사고로 뒤집어져서 윗부분이 도로 쪽을 향해 있는 상태였어. 그런데 자율 주행차는 그때까지 트럭의 윗부분을 본 적이 없었어. 트럭 윗부분에 대한 데이터가 없었던 거지. 그래서 그걸 장애물이라고 인식하지 못하고 속도를 줄이지 않은 채 그대로 돌진한 거야. 그런데 여기에 사람까지 지나다니는 골목길이라면 더욱 안전 주행이 쉽지 않겠지?

계속된 운행으로 데이터가 쌓여 갈수록 개선되고는 있지만 그래도 완전하게 자율 주행을 구현하는 것은 정말 어려운 일이라고 할 수 있어.

하늘을 나는 자동차나 시속 1,200킬로미터 이상으로 달리는 하이퍼루프 같은 경우는 조그만 부실이라도 인명 사고로 이어질 수 있으니, 완전한 안전이 확보되어야 해. 일단 기계적으로 안전할 수 있게 설계하고 가능한 한 많은 안전 장치를 달아야 하지. 하늘을 나는 자동차에는 비상 탈출 의자를 장착한다든가 하는 식으로 말이야.

하이퍼루프 같은 경우는 안전 문제가 더욱 까다로워. 하이퍼루프는 진공 관으로 탈것을 쏘아 보내는 거라고 했잖아. 그런데 사고가 나거나 응급 환자가 발생할 경우 진공 관 가운데에 기체가 멈춰 서면 큰 문제가 되는 거야. 그래서 진공 관을 통으로 만들기보다는 구역을 나눠 설계해서 구역별로 차단이 가능하게 만든다든가 하는 식으로 설계와 건설 단계에서 안전에 대한 고려를 해야 할 필요가 있어.

퍼스널 모빌리티 같은 경우에는 제대로 제어하지 못하면 운전자 자신뿐 아니라 지나가는 보행자들에게 피해를 입히는 일이

발생하기도 해. 전동 킥보드와 부딪혀서 부상을 입은 사람들이 의외로 많거든. 물론 전동 킥보드 운전자 본인이 다치는 경우도 많고. 퍼스널 모빌리티 전용 도로를 만든다든가, 퍼스널 모빌리티의 운전 보조 장치를 완비해서 아이도 쉽게 제어할 수 있게 만드는 등의 예방이 필요한 거지.

어떤 모빌리티든 안전 문제는 타협하지 않는 것이 중요해. 그리고 한번 문제가 생긴 것은 철저하게 보완하고 검증하는 것이 필요하지.

모빌리티의 발전이 가져올 문제 중 가장 중요한 것은 바로 보안 문제야.

차를 비롯해서 대부분의 미래 모빌리티들이 무인으로 조종되는 만큼 해킹당할 우려가 있는데, 그건 인터넷 사이트가 해킹을 당해서 개인 정보가 유출되는 정도로 끝나지 않거든. 내가 탄 차를 남이 조종하고 있다고 생각해 봐. 내 의지와 상관없이 어디로 나를 데리고 갈지 모르는 거야. 바로 사고로 직결될 수도 있고, '당신이 탄 차를 해킹해서 내가 운전할 수 있게 되었으니 통장에 돈을 입금하라.'는 식으로 새로운 형태의 사이버 범죄가 나올 수

도 있어.

그럼 완전 자율 주행차 같은 건 만들면 안 되는 거 아니냐고? 지금은 집집마다 거의 다 가지고 있는 컴퓨터도 처음 보급될 때는 보안 문제로 반대하는 사람들이 있었어. 대중에게 컴퓨터를 보급해서는 안 된다고 목소리를 높였지. 하지만 지난 30년 간 이 컴퓨터가 우리 생활을 바꾼 것을 보면 그때 반대하던 사람들이 큰 힘을 가지지 못했던 것은 다행한 일이야. 마찬가지로, 보안에 우려되는 점이 있다고 해서 모빌리티의 혁신을 포기할 수는 없어. 보완점과 해결책을 모색하며 기술 발전을 해 나가야 해.

컴퓨터의 경우, 바이러스를 막는 보안 소프트웨어들이 많이 나와 있고 효과적으로 작동하고 있어. 해커들이 기술적으로 발전할수록 보안하는 기술도 발전하고 있으니, 모빌리티도 그럴 거야. 모빌리티가 발전할수록 보안 기술 역시 발전해서, 이런 보안 솔루션까지 완비된 다음 모빌리티를 가동할 수 있게 하면 돼.

3

모빌리티가 바꿀 미래 세상

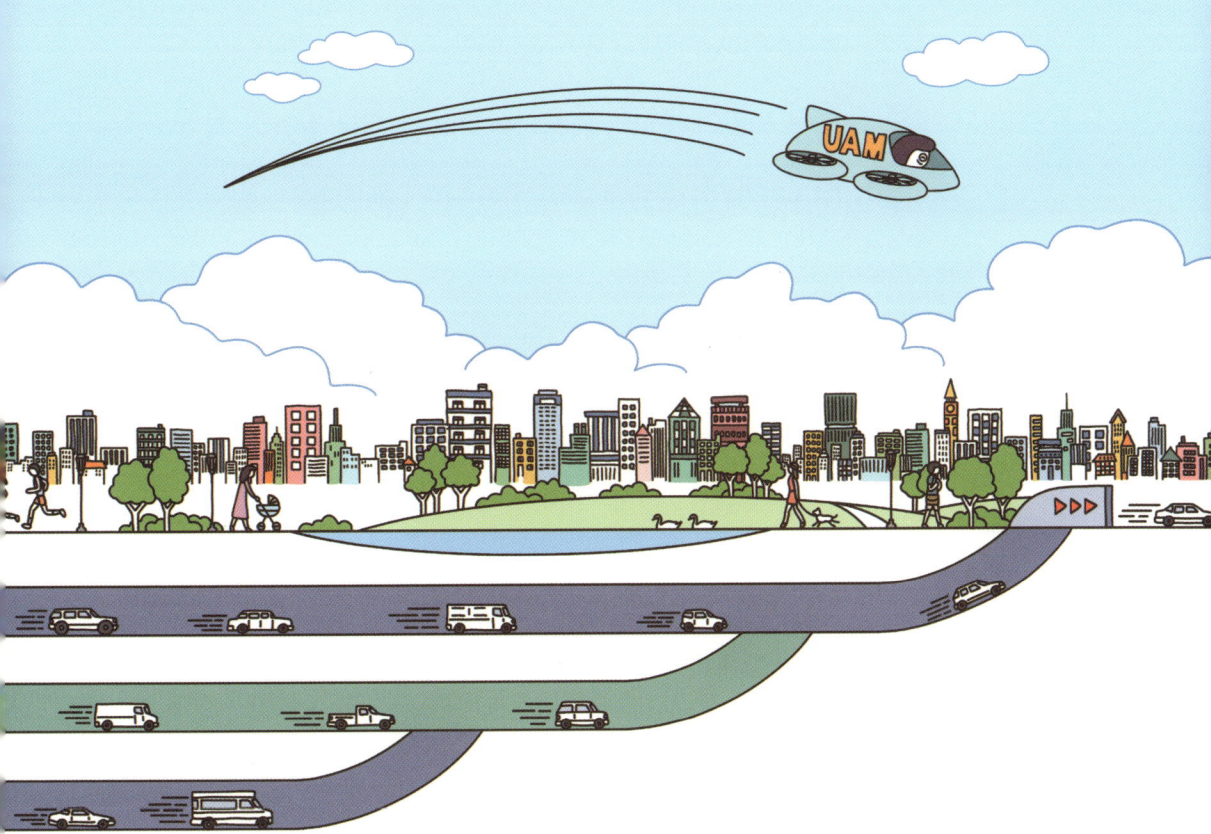

전국 어디든 한 시간 안에!

부산에 사는 한이는 수업 시간에 서울 남산에 있는 서울 타워에 대기 오염도에 따라서 다른 색깔의 불빛이 켜진다는 얘기를 처음 들었어. 지난주에 엄마랑 같이 서울에 가서 저녁을 먹고 왔는데, 남산 서울 타워에

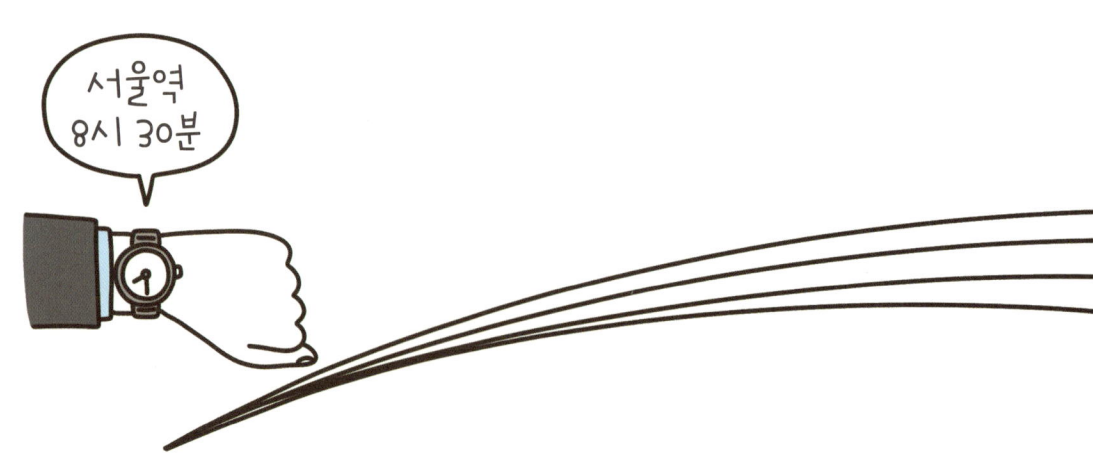

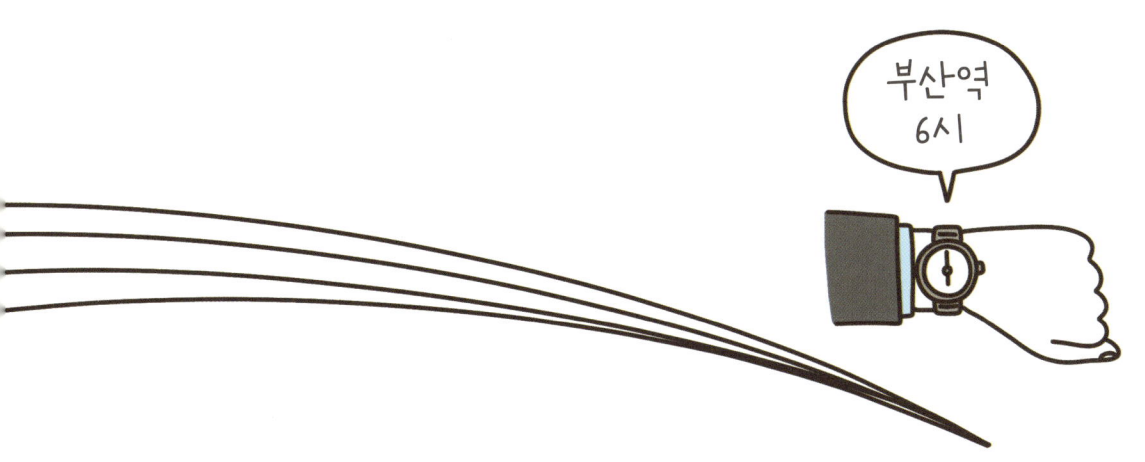

조명이 들어온 것을 보고 예쁘다는 생각을 했거든. 그런데 그때만 해도 다른 색깔 조명이 켜진다는 것은 전혀 몰랐던 사실이라, 다시 보러 가고 싶어졌어. 그래서 엄마에게 지금 당장 서울에 다시 갔다 오자고 졸랐지. 엄마는 오늘 밤 수목 드라마를 봐야 한다며 곤란해하셨어. 하지만 한이가 시간을 따져 보니 서울에 다녀와도 10시에 시작하는 드라마를 볼 수가 있겠는 거야. 부산역에서 저녁 6시에 떠나는 UAM을 타고 6시 30분에 서울역에 도착하면, 거기서 저녁을 먹고 남산 서울 타워의 불빛을 본

후에 8시 30분쯤 다시 UAM을 타고 9시에 부산역에 도착하는 거지. 그러면 집에 와서 씻고 드라마를 보는 데에는 전혀 문제가 없는 거야.

한이의 설득에 엄마도 결국 승낙하고 말았어. 한이는 무엇이든 직접 해 보고 자기 눈으로 봐야 직성이 풀리는 걸 엄마도 잘 알거든. 아마 오늘 안 가면 계속 가자고 조를 테니, 말 나온 김에 갔다 오자고 엄마는 생각했어. 결국 한이와 엄마는 6시 UAM을 탔지. 저녁으로는 남산 돈가스를 먹기로 하고 말이야.

1일 생활권이라는 말이 있어. 아침에 집에서 나와 업무를 보고, 저녁에 다시 자신의 원래 집으로 돌아갈 수 있는 거리를 말해. 모빌리티의 혁명은 '전국이 1일 생활권'이라는 말을 현실로 만들어 줘. 전국 어디든 한 시간 안에는 도착할 수 있게 만들 테니 말이야.

하이퍼루프가 생기면 부산에서 서울까지 16분이면 주파하게 되는데, 중간에 대구나 대전 같은 큰 도시에 잠깐 서게 되면 그래도 서울까지 30분은 걸릴 거야. 그런데 하이퍼루프는 딱 정해진 노선만 간다는 한계가 있지. 그래서 더욱 기대가 되는 것은

UAM이야. 하늘을 나는 자동차 말이야. UAM이 대중화되면 전국 광역 도시끼리 연결이 돼. 그리고 정부의 UAM 발전 계획에 따르면, 2035년에는 전국이 하늘 길로 연결돼. 그때쯤이면, 서울에서 청주까지 UAM으로 15분이면 가게 될 거라 예상하고 있어. 부산까지는 30~40분이면 갈 수 있다는 얘기지.

이렇게 모빌리티가 발전해서 전국이 1일 생활권이 되면 우리의 생활과 문화가 완전히 바뀌게 돼. 전국 어디서든, 어디로든 출퇴근이 가능해지니까 말이야. 우리가 사는 지역은 보통 아빠와 엄마의 직장이 어디 있느냐에 따라 결정이 되잖아. 학교도 그렇고 말이야. 그런데 전국이 1일 생활권이 되면 사는 곳을 선택할 때 보다 자유로워져. 전국 어디라도 빠르고 쉽게 연결이 된다면 굳이 도심 한 가운데에서 매연과 소음, 미세 먼지 등을 참아가며 살 이유가 없지. 도심 안에 몰려 사는 이유 중에서 병원이나 편의 시설 등이 가까운 것도 중요한 이유였는데, 배송 로봇이나 드론이 발달하고 의료 PBV(목적 기반 모빌리티) 같은 것들이 보급되면 굳이 도심에 살 이유가 없거든.

그렇게 되면 차도 많고 사람도 많은 도시가 아닌, 자연과 접하고 공기도 좋은 곳에서 살면서 보다 여유로운 생활을 할 수도 있을 거야. 그리고 가족과 여행도 많이 다닐 수 있지. 지금은 조금이라도 멀리 여행을 가면 하룻밤 자고 와야 하는데, 그러면 돈도 들고 신경도 매우 쓰여. 그런데 이렇게 전국 어디든 한 시간 안에 갈 수 있게 되면, 당일치기 여행도 많아지게 될 거야. 그러면 지금보다 쉽게 여행을 결정할 수 있겠지. 전국 각지를 다니며 교과서에 나왔던 지형도 보고, 문화재도 보면서 추억을 쌓기가 쉬워질 거야.

자동차야, 공부방이야?

한이에게 문제가 생겼어. 온 가족이 갑자기 이번 주말에 강릉에 가야 한다는 거야. 친척들이 다 같이 강릉에서 모이기로 했다면서 말이야. 그런데 한이는 월요일에 학교에서 쪽지 시험이 있거든. 성실한 한이는 매번 최선을 다해서 공부하기 때문에, 쪽지 시험이라 해도 100점을 놓치는 건 참지 못해.

UAM으로 30분 안에 가서 거기서 공부하는 방법도 있긴 한데, 짐을 많이 가져가야 하기 때문에 이번에는 차를 타고 가야 한대. 그럼 몇 시간이 걸리거든. 차에서는 편하게 공부할 수도 없는데 큰일이야.

한이는 공부해야 하는데 안 가면 안 되냐고 아빠에게 투정을 부렸어. 그러자 아빠가 걱정하지 말라는 거야. 한이가 편하게 공부할 수 있게 공부방 형태로 만들어진 자율 주행차를 빌리면 된대. 차를 타고 갈 동안 공부할 사람들을 위해 진동 방지 장치도 잘 되어 있어서, 진짜 자기 집 책상 위에서 공부하는 것처럼 잘 꾸며져 있다는 거야. 전부터 그런 차를 타 보고 싶었던 한이는 무조건 좋다고 했어.

그런데 알고 보니 엄마와 아빠는 원래는 영화를 보면서 갈 수 있는 영화관 자율 주행차를 빌리려고 했었나 봐. 온 가족이 느긋하게 영화 보며 가면 좋았을 텐데 괜히 공부하겠다고 투정을 부려서 자기 혼자만을 위한 공부방 차를 빌리게 된 것 같아 한이는 속으로 미안했어.

결국 한이는 갈 때 세 시간, 올 때 세 시간, 총 여섯 시간 동안 공부를 했어. 가벼운 쪽지 시험이라 원래는 두세 시간 정도만 공부하려고 했는데 미안한 마음에 생각보다 공부를 더 많이 하게 되었지 뭐야.

자율 주행차는 단순히 운전을 대신 해 주는 차원이 아냐. 우리가 이동하는 시간을 활용할 수 있게 해 주지. 이동하는 시간을 의미 없이 보내는 것이 아니라 오히려 무언가에 집중할 수 있는 시간으로 만들어 주는 거야. 차를 어떻게 꾸미느냐에 따라서 차 안에서 어른들은 일을 할 수도 있고, 한이처럼 공부를 할 수도 있어.

2장에서도 설명했지만, PBV(목적 기반 모빌리티)는 자동차가 이동하면서 업무, 영화 관람, 회의, 의료 서비스, 도서관 같은 다양한 목적으로 사용되는 것을 말해.

그런데 이동은 하지만 이동 자체에는 신경 쓸 필요가 없고 다른 일을 할 수 있다면, 그 '다른 일'을 하는 것이 원래 목적인 공간과 다를 바가 없겠지? 그러면 원래 그런 '다른 일'을 하기 위한 공간이나 장소, 서비스들은 자동차에 그 영역을 빼앗기게 되는 거야. 차를 타고 가면서 최신 영화를 볼 수 있다면 굳이 영화관을 따로 찾을 필요가 없을 거 아냐. 시간 사용이 훨씬 효율적이니까. 그러면 반대로 영화관은 그냥 영화만 상영해서는 답이 없고, 레스토랑의 역할을 하면서 영화를 볼 수 있게 바꾼다든지 하는 식으로 다른 존재 형태를 찾아야 살아남을 수 있을 거야.

식사 목적의 PBV도 가능해. 식사를 내주는 고급 서비스도 가능하겠지만, 배달 음식을 탑재하고 이용하는 사람들에게 식사를 제공해 주는 차도 나올 수 있어. 그러면 예를 들어 바쁜 직장인들은 점심시간에 밥을 먹으러 식당에 가는 것보다 차를 타고 이동하면서 밥을 먹을 수 있는 PBV를 이용하는 것이 훨씬 효율적이겠지. 이런 시대가 되면 식당들은 테이블 수를 늘리는 것보다 포장이나 배달 시스템을 발달시키는 것이 훨씬 유리할 거야.

뭐? 너는 멀미가 심해서 차 안에서 다른 일은 못 한다고? 걱정하지 마. 멀미는 차의 진동 때문에 생기는 거거든. 다양한 PBV가 보급되는 시대에는 멀미 문제는 해결이 되어 있을 거야. 지

금도 미술품을 옮기는 등의 특수 목적 차량에는 진동 방지 장치가 되어 있는데, 대중화하기에는 비용이 많이 들거든. 기술의 발달로 이 진동 방지 장치가 정교화되고 저렴해지면, 일반 자동차에도 적용할 수 있어. 카페 PBV에서는 커피잔이 쓰러지거나 주스가 출렁여서 넘칠 걱정 없이, 진짜 카페에 온 것처럼 조용하고 편안하게 차 안에서 여유를 즐길 수 있다는 말이지.

아침은 서울에서, 저녁은 런던에서

한이는 여름 방학만을 기다렸어. 이번 여름에 엄마랑 아빠랑 유럽에 가기로 했거든. <해리 포터> 시리즈를 좋아하는 한이는 영국에 직접 가서 호그와트로 가는 열차가 출발하는 킹스크로스역의 9와 4분의 3 승강장에 꼭 가 보고 싶었어. 그래서 이번 유럽 여행을 매우 기대하고 있지.

그런데 오늘 엄마가 진지하게 와플 먹을 거냐고 한이에게 물어보는 거야. 와플을 좋아하는 한이는 당연히 먹는다고 하면서, 그걸 왜 물어보냐고 되물었지.

그랬더니 엄마가 여행 일정을 짜고 있는데, 가는 길에 벨기에에 들러서 와플을 먹을 것인지 고민 중이래. 첫날 아침 9시쯤 하이퍼루프를 타

고 부산에서 중국의 베이징까지 두 시간 정도 걸려서 도착하면 아빠의 최애 음식인 북경 오리 요리를 11시쯤 점심으로 먹을 거고, 1시쯤 다시 하이퍼루프를 타고 여섯 시간 정도 걸려서 파리로 가는 거야. 그때 프랑스 옆 나라 벨기에에 들러서 와플을 먹고 영국으로 갈지 그냥 바로 영국으로 갈지 결정을 못 했다는 거야. 와플을 먹으면 영국에 너무 늦게 도착하는 게 아닐까 싶어서 망설이는 중이래.

엄마와 함께 고민한 결과, 벨기에에서 와플을 먹고 가기로 했어. 와플의 발상지인 벨기에가 바로 옆에 있는데 와플이 최애 음식인 한이로서는 이런 기회를 포기하기가 너무 아까웠거든. 그래도 밤 10시가 되기 전에는 영국에 도착할 것 같아.

'지구촌'이라는 말이 있어. 전 세계가 마치 하나의 마을처럼 가깝게 연결된다는 뜻인데, 모빌리티로 전 세계가 빠르게 연결되는 세상이 되면 지구촌이라는 말은 정말 현실이 되는 거야. 하루 만에 지구상 어디라도 갈 수 있거든.

물론 지금도 비행기로 연결하면 웬만한 곳은 하루만에 갈 수 있지만, 그렇게 이동하고 나면 녹초가 되어서 하루 정도는 쉬어야 해. 우리나라에서 유럽에 가려면 비행기를 타고 열두 시간 가까이 좌석에 앉아 대부분의 시간을 보내야 하니까 말이야. 잠도 앉아서 자야 하는데, 얼마나 불편하고 힘들지 상상이 되지? 그러니 이동은 가능하다 쳐도, 도착한 후에 바로 평소처럼 활동을 하기에는 너무 힘들어.

하지만 모빌리티 혁명은 이동성을 증가시킬뿐더러 편의성과 안정성도 증가시키거든. 그래서 빠르고 편안하게 이동할 수 있지. 유럽까지 가는 시간도 지금보다 단축될뿐더러 가는 동안 몸도 편안하니, 영국 가는 길에 벨기에에 들러서 와플을 먹는 것쯤은 문제가 없는 거야.

지금 KTX 이용하듯이 하이퍼루프를 쓰게 되고, 그것을 나라끼리 잇게 되면 아시아의 동쪽 끝인 우리나라에서 유럽의 서쪽 끝인 포르투갈까지 한 번에 연결될 수도 있어. 그렇게 되면 중국이나 중동, 인도 정도는 서울에서 1일 생활권이 될 수도 있지.

이렇게 '지구촌'이라는 말이 현실화되면, 공간의 제약이 상당 부분 사라지게 돼. 전 세계 사람들 머릿속에서 공간의 제약이 극복되는 거야. BTS 30주년 콘서트를 외국에서 한다고 하면, 언제 하느냐가 제일 문제이지 어디서 하느냐는 그 다음 관심사가 되는 거야. 시간만 맞으면 이동하는 것에는 큰 문제가 없으니, 어디에서 하느냐는 중요하지 않게 되는 거지.

이런 시대가 오면 세계 여행도 지금보다 부담 없어질 거야. 그만큼 전 세계가 하나로 연결된다는 얘기지. 사업을 해도, 회사를 다녀도 '우리나라 안에서'라는 공간적 제약을 가질 필요가 없어. 공간의 혁명이라는 것은 실제 공간 사이의 거리가 사라지는 것이 아니라, 우리 머릿속에 자리 잡고 있는 공간의 거리감이 사라지게 되는 거거든. 멀리 떨어져 있기 때문에 못 한다는 제약이 없어지는 것이지. 그렇게 되면 우리 앞에는 다양한 가능성이 펼쳐지게 될 거야.

미국에서 보낸 오렌지가 새벽 배송으로 슝!

여름 유럽 여행 때 아빠와 한이는 좋아하는 것을 많이 먹었는데, 엄마의 입맛에는 여행지 음식들이 잘 안 맞았어. 엄마는 된장찌개를 사랑하는 한식파거든. 물론 과일은 캘리포니아산 오렌지를 제일 좋아하지만 말이야. 한이는 자기가 먹고 싶은 것만 찾아다닌 것 같아서 엄마한테 조금 미안했어.

그런데 오늘 놀라운 사실을 알게 되었어. 같은 반 짝꿍인 한나가 그러는데, 아침에 캘리포니아에서 딴 오렌지를 저녁까지 한국으로 배송해 주는 전 세계 하루 배송 시스템이 있다는 거야. 그 말을 들은 한이는 학교에서 돌아오자마자 한나가 가르쳐 준 배송 사이트로 들어가서, 모아 놓은 용돈으로 캘리포니아 오렌지를 주문했어.

오후 3시쯤 오렌지를 시켰는데, 놀랍게도 새벽 배송으로 다음 날 문 앞에 와 있는 거야! 한이의 메일에는 한이가 주문한 후에 오렌지를 따서 박스에 넣는 영상이 같이 도착했어. 새벽에 한이의 집 앞에 도착한 그 박스가 영상에 나왔지.

엄마는 한이보고 대견하다며, 이번에는 한이가 먹고 싶은 것을 시키면

엄마가 사 주겠다고 했어. 한이는 약간 열어서는 안 되는 문을 연 것 같은 생각이 들었어. 전 세계 어디에서든 하루만에 배송이 가능하다는 것을 알아 버렸으니까.

지금 한이는 인터넷에서 캐나다산 랍스터를 보고 있어. 캐나다에서 바로 잡은 랍스터를 하루만에 배송해 준대. '오렌지를 주고 랍스터를 받으면 완전 이익인데?'라는 한이의 속마음이 슬쩍 미소를 타고 입가에 번져 나왔어.

모빌리티 혁명이라고 하면 흔히 사람이 이동하는 것만 생각하는데, 진짜 혁명은 물류의 이동이야. 왜냐하면 물류가 쉽고 빠르게 그리고 저렴하게 이동하게 되면, 한 나라 단위가 아닌 전 세계적 차원에서 경제가 돌아갈 수 있거든. 상품이나 원자재 같은 것들의 수송, 하역, 포장, 보관 등 이동의 전 과정을 물류라고 말한다고 앞에서 설명했던 거, 기억하지?

예를 들어, 캐나다나 러시아에서는 랍스터를 비교적 저렴하게 먹을 수 있어. 그 나라들에서 많이 잡히니까 말야. 하지만 거기서 잡은 랍스터가 다른 나라로 이동하게 되면 그때 들어가는 물류 비용이 더해져서 가격은 비싸져. 그런데 러시아산이나 캐나다산 랍스터를 저렴하고 빠르게 전 세계로 수송할 수 있다면 물류 비용이 줄어들 거고, 가격은 지금처럼 많이 오르지 않을 거야. 현지에서 먹는 것과 큰 차이가 없을 수도 없어. 전 세계적으로 랍스터 가격이 할인되는 효과가 있는 거지.

물류 비용이 줄어들게 되면, 전 세계 모든 나라가 사람이 사는 데 필요한 것을 각자 생산할 필요가 없어져. 자기 나라가 잘하는 몇 가지를 집중적으로 생산하면서, 다른 나라와 교류하며 경제 구조를 만들어 가는 것이 훨씬 효과적일 테니 말이야.

예를 들어, 우리나라 떡볶이가 세계적인 인기 음식이 된다고 생각해 보자. 그러면 떡볶이에 들어가는 떡이나 고추장, 고춧가루 같은 것들은 우리나라가 집중적으로 생산해서 외국에 수출하는 거야. 빠르게 물류 이동이 가능하니까 냉동이 아닌 냉장 상태로 보내도 돼. 그러면 맛이 유지될 수 있고, 저렴하게 이동할 수 있으니 가격도 비싸지 않겠지? 그럼 굳이 저 멀리 영국에서 떡을 만들고 고추장을 만들 필요가 없어. 우리나라에서 수입하거나 자기네 나라에서 만드는 거나 가격 차이가 크지 않을 테니

까. 그리고 무엇보다 떡이나 고추장을 만드는 기술이라든가 맛이 원조인 우리나라를 따라올 수는 없을 테니 더더욱 자기네가

만들 필요가 없는 거지.

나라뿐만 아니라 개인도 마찬가지야. 전 세계가 마치 분업하는

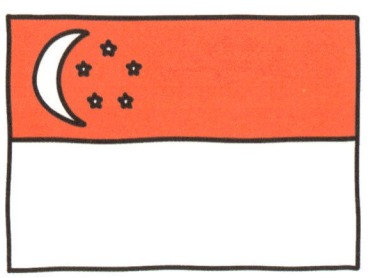

것처럼 자신이 잘하는 것에 집중하고 그것을 전 세계적으로 활용할 수 있게 되면, 개인도 전 세계적으로 성장할 수 있어.

인터넷 쇼핑몰에서는 상품도 중요하지만 배송 또한 못지않게 중요해. 아무리 좋은 상품이라도 배송이 안 되거나 한 달이 지나

야 받을 수 있다면, 그 상품을 선뜻 구매할 사람은 많지 않을 거야. 그런데 모빌리티 혁명으로 전 세계에 물류 시스템이 구축된다면 빠르게 그리고 저렴하게 물류가 이동할 수 있거든. 개인이 한국에서 쇼핑몰을 열어도 전 세계에 내다 팔 수 있게 되는 거지. 전 세계를 상대로 사업을 하게 되는 거야.

그리고 이런 세상에서는 이것저것 다 잘하고, 다 잘 만들 필요가 없어. 어떤 상품을 생산해도 하나만 대박을 터뜨리면 그것을 전 세계 고객들이 사 주니까 거기에만 집중하면 되거든. 다양하게 여러 개로 유명해지는 것보다 세계적인 경쟁력을 가진 특색 있는 상품이나 콘텐츠를 하나만 갖추면, 곧 글로벌한 인기를 얻게 되는 거지.

트럭은 내륙에서는 물자를 수송하는 데 중요한 역할을 하거든. 이런 트럭이 자율 주행으로 운행을 하면, 24시간 이동이 가능해지면서 물자 수송이 훨씬 빨라질 거야. 그러면 원재료라든가 만들어진 상품 같은 것도 수송이 빨라져. 아프리카에서 원자재를 사서, 아시아에서 가공하고, 한국에서 포장 작업을 한 후에 미국에 팔 수 있는 세상을 쉽게 만들어 낼 수 있는 거지.

모빌리티의 발전은 서로 간의 연결을 쉽고 빠르게 만들어서 세상을 더욱더 가깝게, 하나로 만들어 주고 있어. 이제는 '나라'가 아닌 '지구' 단위로 생각을 해야 하는 거야.

4

모빌리티 세상을 위한 준비

상상력의 한계를 걷어 내!

혹시 아프리카에 가는 상상을 해 본 적 있어? 아마 아프리카에 가는 것보다는 일본에 가는 상상을 하는 것이 더 쉬울 거야. 아

멀어, 멀어, 너무 멀어~

프리카는 왠지 거리감이 느껴지거든.

그런데 좀 이상하지 않아? 일본이나 아프리카나 어차피 직접 가는 게 아니라 상상만 하는 건데도, 왜 아프리카에 가는 건 상상조차 쉽지 않을까? 왜 거리감이 느껴지는 걸까?

그 이유는 바로 공간적 거리감으로 인해 생긴 심리적 거리감 때문이야. 실제 거리가 멀리 떨어져 있다 보니 심리적으로도 거리감이 생겼다는 말이야.

현실에서 얼마나 많이 떨어져 있는가는 생각보다 많이 우리의 상상력을 제한해. 거리가 너무 많이 떨어져 있으면 생각도 잘 안 나게 되지. 가는 데 시간이 많이 걸리고 큰돈이 든다면 아무래도 우리의 상상의 범위에서도 벗어나게 돼.

그러나 모빌리티가 발전해서 이 거리감이 확 줄어든다면 우리의 상상력도 범위를 넓힐 수 있어. 모빌리티의 발전은 상상력의 봉인을 해제하는 하나의 열쇠가 될 수 있다는 말이야.

제한 없는 상상으로 이전에는 불가능했던 새로운 일들도 얼마든지 만들어 낼 수 있지. 부산에 살면서 서울로 학교를 다니고, 수요일에는 일본에 사는 친구를 잠깐 도쿄에 있는 카페에서 만나고, 주말에는 파리에 있는 디즈니랜드로 놀러가는 것도 가능하거든.

이런 것이 바로 세계가 하나 되는 감각이야. 나의 관심사나 생각의 범위가 우물 안 개구리처럼 내가 사는 도시, 내가 사는 나라에 국한되지 않고 전 세계로 넓어지는 거야. 세계를 무대로 내 삶을 계획하고, 움직이게 되는 거지.

우리가 할 수 있는 일의 범위를 제한하는 것은 공간적인 거리가 주는 거리감인데, 이 거리감이 없어지고 상상력의 제한을 푸는 순간 우리가 가진 가능성은 몇 배가 되는 거야. 전 세계를 무대로 사업을 할 수도 있고, 다른 나라에 있는 회사를 다니게 될 수도 있어. 중국을 자율 주행차로 횡단하면서 한국 회사에 재택근무를 할 수도 있고, 하루만에 세계 일주를 할 수도 있을 거야.

세계와 하나 되는 감각을 우리의 일, 비전, 희망 같은 것에 적용한다면 훨씬 더 지구 차원에서 가치 있는 일을 할 수도 있을 거야. 예를 들어, 빙하가 녹아 북극곰이 생활 터전을 잃고 굶어

가는 모습을 북극에 가서 직접 본다면 지구 환경을 살리기 위해 뭐라도 해야겠다는 마음이 들겠지. 일회용품 사용을 자제하는 것에도 보다 적극적으로 동참하게 될 거야. 먹을 게 없어 굶주리는 아프리카의 아이들을 직접 보면, 그 아이들을 위해 용돈을 아껴 후원금을 낼 마음이 생길 거고 말이야.

모빌리티로 전 지구가 긴밀하게 연결되는 세상에서는 우리의 시각 역시 전 지구적이고 거시적인 스케일을 가져야 해. 그러려면 어떻게 해야 하냐고? 가장 중요한 건, 상상력에 제한을 두지 않는 거야. 무엇이든 가능하고, 어디든 쉽게 갈 수 있다고 생각하고 마음껏 상상해 봐. '꿈은 이루어진다.'라는 말처럼, 너의 상상은 이루어질 테니까.

소유 대신 공유

미래 모빌리티 시대에 완전히 달라질 것 중 하나는 소유에 대한 사람들의 생각이야. 지금 우리는 어떤 물건이 필요하면 돈을

주고 '내 것'으로 만들어서 사용하는 걸 당연하게 생각하잖아. 그런데 모빌리티 시대가 되면 '소유'가 아닌 '공유'가 자리 잡게 될 거야.

공유가 뭐냐고? 혹시 네가 사는 지역에 공공 자전거가 있니? 서울의 따릉이, 대전의 타슈, 광주의 타랑께처럼, 지금 우리나라 각지에서는 공공 자전거가 운영되고 있어. 필요할 때만 빌려서 탈 수 있게 지방 자치 단체에서 운영하는 자전거야.

이 자전거는 내가 돈을 주고 산 내 소유의 자전거는 아니지만, 필요할 때마다 약간의 돈을 내고 빌려 탈 수 있어. 13세 이상만 탈 수 있기는 하지만 말이야. 만약 자전거를 어쩌다 한 번씩만 탄다면, 굳이 비싼 돈을 주고 자전거를 살 필요가 없어. 빌려 타면 되는 거야. 이렇게 어떤 것을 다른 사람들과 함께 나눠 쓰는 것을 공유라고 해. 소유와 공유의 차이를 이제 알겠지?

소유가 아닌 공유가 자리 잡게 된다는 얘기는 사람들의 소비 형태가 자기만의 것을 사지 않고 필요할 때마다 빌려 쓰는 형태로 바뀐다는 걸 말해. 물건을 소유하지 않고 필요할 때만 빌려 쓰게 되면 관리하기에도 편하고, 무엇보다 물건을 집에 쌓아 놓고 살지 않아서 홀가분하지. 일주일에 한 번 탈까 말까 한 자전거를 집에 가지고 있으면 괜히 자리만 차지하잖아. 공유하는 것이 비용도 더 저렴하고 말이야.

무엇보다, 공유의 시대가 되면 사람들이 각자 하나씩 물건을 소유하지 않으니까 물건을 많이 만들어 내지 않아도 되고 쓰레기도 줄어들게 돼. 지구 환경을 위해서 매우 바람직한 일이지.

자율 주행차가 보편화되었을 때 나타날 혁명적인 변화가 바로 차가 소유가 아닌 공유의 대상이 된다는 거야.

우리가 차를 사는 이유는 필요할 때 편하게 쓰기 위해서인데, 대부분의 시간은 운행을 안 하고 주차장에 세워져 있어. 집에 차가 있지만 출퇴근을 대중교통으로 하는 어른들이 많거든.

그런데 자율 주행차 시대가 되면 스마트폰으로 공유 차를 우리 집 문 앞까지 부를 수 있어. 영화에 나오는 것처럼, 자동차가 스스로 내가 기다리는 곳까지 오는 거지. 시간도 정확하게 지정할 수 있고 말이야. 그리고 목적지에 도착하면 그걸로 끝이야. 차는 돌려보내면 돼. 주차할 장소를 찾아 헤매지 않아도 되고, 주차비를 낼 필요도 없어. 훨씬 편하고 경제적이지?

원하는 시간에 원하는 만큼 차를 이용할 수 있다면 사람들은 굳이 차를 가져야 할 필요를 못 느끼게 돼. 차를 사서 아파트 주차장에 세워 두기보다는, 필요할 때 공유하는 자동차 공유 서비스를 이용할 거야. 이용하는 요금이 비싸다고 생각할지 모르지만, 차를 소유하려면 차를 살 때 드는 비용은 물론이고 기름값, 세차비, 수리비, 소모용품비, 세금, 주차비 그리고 보험료 같은 것들이 꽤 많이 나오거든. 이런 관리비까지 생각하면 차를 소유하는 데 들어가는 비용이 훨씬 많아. 세계 최대의 자동차 공유 회사 집카에 따르면, 영국에서 차를 빌려 타면 차를 사는 것보다 1년에 500만 원을 아낄 수 있어.

공유의 시대가 되면 '내 것'이나 '나의 가치'로 대표되는 소유의 개념을 고집하기보다는 '우리 것', '우리의 가치'를 앞세워야 해. 소유의 시대에는 생각의 중심에 '나'가 있을 수밖에 없어. 내 것이냐 아니냐가 중요한 거지. 그러나 공유의 시대에는 생각의 중심에 '우리'가 있어. 내 것이 아닌 우리 것이 되는 거야. 공유하는 물건이나 서비스를 이용할 때 나와 이걸 공유하는 다른 사람을 생각하고, 배려하고, 이해하려고 노력하게 되겠지. 더불어 쓰는 세상이 결국 더불어 사는 세상을 만드는 거야.

그러니 다가올 모빌리티 혁명을 맞이하려면 공유의 가치를 인정하고, 나보다는 우리를 생각하는 마음을 길러야 해.

세계 시민이 되어 볼까?

우리는 지금 모빌리티 혁명에 대해 이야기하고 있지만, 사실 모빌리티 혁명은 다른 말로는 1장에서 이야기한 것처럼 공간 혁명이라고 이야기할 수 있어. '지구촌'이라는 말이 실감 날 정도로 공간이 밀접하게 연결되고 세계가 좁아지는 거거든.

이런 세계에서는 우물 안 개구리처럼 내가 사는 나라에 대해서만 알아서는 안 돼. 모빌리티 혁명이 일어났다는 것은 다른 지역의 사람과 쉽게 교류를 할 수 있는 환경이 만들어졌다는 얘기야. 그러니 세계로 관심을 돌리고, 여러 지역과 나라에 대한 지식을 가질 필요가 있어. 다른 나라 사람과의 교류에는 그들의 역사와 문화에 대한 이해가 큰 영향을 미치기 때문이지.

모빌리티가 발달해서 세계가 하나의 마을로 묶이는, 말 그대로 지구촌 세상이 오면 아마 통번역 AI(인공 지능)도 발달을 해서, 굳이 영어나 다른 나라 말을 몰라도 의사소통이 가능한 세상이 될 수도 있어. 하지만 AI가 통역을 할 수 있을지는 몰라도, 말의 내용 자체는 내가 구성해야 해. 내가 한 말을 통역하는 거지, 내가 어떤 말을 해야 할지 AI한테 알아서 지어내 달라고 할 수 있는 게 아니잖아. 그래서 말의 내용이 글로벌 문맥에 맞으려면 그에 맞는 예의와 상식을 갖추는 것도 중요해.

모빌리티 혁명으로 심리적 거리가 가까워지고 세계가 하나로 될수록 우리는 다른 나라 사람, 다른 민족과 접촉할 때 예의와 상식을 갖춰야 해. 의도하지 않았는데 잘 몰라서 그들을 모욕할 수도 있고, 무시할 수도 있으니까. 그렇다고 너무 우러르거나 열등감을 가질 필요도 없지만 말이야.

다른 나라의 문화를 이해하고 역사를 알기 위해서는 그만큼 공부와 준비가 필요해. 관련 소양을 쌓기 위해서는 다른 나라 역사와 문화에 대해 관심을 가지고 관련 책들을 많이 읽는 것이 좋아. 세계사를 쉽게 설명해 놓은 책들이 많잖아. 한 나라의 역사는 그 나라와 그 나라 사람들의 생각을 이해하는 열쇠가 돼. 예를 들어, 우리나라 사람들이 일본과 중국에 대해 갖는 감정을 이해하려면 우리나라 역사를 알아야 하는 것처럼 말이야.

세계 문학을 많이 읽는 것도 좋아. 문학에는 그 나라 사람들의 생각과 관습, 가치 등이 반영이 되기 때문에 간접적으로 그 나라를 체험할 수 있거든.

 다른 나라의 역사와 문화를 이해하는 한편, 보편적인 상식과 예의도 놓치면 안 돼. 여러 나라에서 공통으로 지켜야 하는 것이 바로 보편적 상식과 예의야. 즉, 인간이라면 공통으로 지켜야 하는 것들이지. 반대로 말하면 이런 것들을 지키지 못하면 인간의 도리를 다하지 못하는 셈이야.

 혹시 '세계 시민'이라는 말을 들어 봤니? '세계'와 '시민'이라는 말을 하나로 엮은 게 이상하다고? 지구를 하나의 마을로 여기는 '지구촌'이라는 말이 있는 걸 보면 세계 시민이라는 말 또한 이상하지 않은 것 같은데 말이야.

 모빌리티 혁명으로 전 세계가 더욱 가까워지게 되면

지구촌이나 세계 시민이라는 말은 당연하게 받아들이게 될 거야.

세계 시민은 한마디로 전 세계가 하나로 연결되어 있다는 걸 깨닫고 모두가 행복한 세상을 만들려고 애쓰는 사람이야. 평화나 인권, 정의, 평등, 자연 보전 같은 보편적 가치들을 소중히 여기는 사람이지. 앞서 세계가 하나 되는 감각에 대해 이야기한 거 기억나지? 지구 차원에서 가치가 있는 일을 할 수도 있을 거라고 했던 거 말이야. 그게 바로 세계 시민으로서의 자세야.

어때? 듣고 보니 모빌리티가 발달할수록 세계 시민으로서의 자세가 더욱 필요해질 거 같지?

가장 중요한 건 사람에 대한 호기심

모빌리티는 결국 사람들을 이동시켜 주는 거야. 그렇게 해서 다른 사람들을 만나게 해 주고 연결해 주는 거지. 그러니까 모빌리티가 발전한다는 것은 결국 사람과 사람 사이의 만남을 보다 원활하고 폭넓게 해 준다는 뜻인 거야.

사실 요즘 같은 세상에는 굳이 사람이 직접 이동하지 않고도 얼마든지 비대면 접촉과 비대면 업무가 가능해. 어떻게 보면 사람을 이동시키는 모빌리티는 발전할 이유가 별로 없는 거지. 그런데도 하늘을 나는 자동차, 자율 주행차, 엄청나게 빠른 기차 등 그 어느 때보다 모빌리티들은 발전하고 있어. 그 이유는 모든 일의 핵심이 사람이기 때문이야. 모빌리티는 결국 사람을 이동시키는 거라고 했잖아. 그러니까 모빌리티의 시대라는 것은 사람이 중심이라는 말과 그다지 다르지 않아.

그런데 만나기만 하고 교류가 없고 공감하지

못한다면 안 만나는 것보다 못한 일들이 발생할 수 있어. 그래서 사람에 대한 이해와 공부가 중요한 거야.

사람에 대한 애정과 관심 그리고 지식과 관점이 바로 인문학이거든. 왜 사람은 이렇게 행동하고 이렇게 생각하는지를 여러 가지 각도에서 생각해 보는 게 바로 인문학이야.

인문학은 사람을 이해하고자 하는 시도와 지식이야. 서로 소통을 하고, 관계를 형성할 때 중요한 것은 다른 사람에 대한 이해와 공감이잖아. 내가 아닌 다른 사람의 입장에서 생각해 보고 이야기하는 것은 좋은 관계를 만들어 가는 가장 기본적인 방법인데, 이런 비법들이 인문학에 담겨 있는 거지. 그래서 모빌리티의 시대에 인문학적 지식과 인문학적 마인드를 갖추는 것은 매우 중요해.

앞서, 같은 문화권도 아닌 다른 문화권,

다른 나라의 사람과 관계를 맺고 소통을 할 때는 그 나라의 문화를 이해하는 것도 중요하지만, 모든 사람을 관통하는 공통의 보편적이고 본질적인 요소를 아는 것도 중요하다고 했잖아. 그런 콘텐츠나 상품들이 세계와 시대를 뛰어 넘어 살아남는 좋은 콘텐츠나 상품이 될 테니까 말이야. 이때 모든 사람을 관통하는 본질적인 요소들에 대한 관심을 인문학이라고 불러. 이것이 우리가 인문학에 관심을 두고 알아 가야 하는 이유야.

인문학적 지식과 관점을 쌓는 가장 좋은 방법은 실제 사람들을 만나고 관찰하는 거야. 인문학은 결국 사람에 대한 이야기니까. 다양한 사람을 만나서 이야기를 나눠 보고, 여러 모임에 참석해서 교류를 쌓는 것은 실전적으로 인문학을 익힐 수 있는 기회가 될 수 있지.

하지만 이렇게 직접적으로 만날 수 있는 사람들의 수는 많지 않고, 사람들의 유형도 제한되어 있어. 그래서 간접적으로 사람을 만

나고 알 수 있는 기회인 독서가 필요한 거야.

심리학이나 철학, 역사 같이 직접적으로 사람을 언급하고 연구하는 책도 좋지만, 고전 문학 같은 독서도 참 좋아. 왜냐하면 고전 문학은 기나긴 세월 속에서 살아남았고, 여러 나라에서 인정받은 책이니까. 이 고전 문학에 나오는 등장인물들은 그야말로 시간과 공간을 초월해서 수많은 사람들에게 영향을 미친 인물들이거든.

책뿐만 아니라 드라마나 영화 같은 영상을 통해서도 우리는 사람들을 만날 수 있어. 유튜브나 인스타그램 같은 SNS를 통해서도 사람에 대해 관찰하고 배울 수 있지.

어떤 매체를 통하든, 중요한 것은 인문학적 마인드를 쌓기 위해 사람에 대한 호기심을 가지고 접근하는 거야. 〈아바타〉라는 영화를 보고 컴퓨터 그래픽에만 감탄하는 사

람이 있는 반면에, 영화에서 말하는 인간성, 가족애에 대해서 생각하는 사람도 있거든. 같은 영화를 보더라도 접근하는 자세에 따라 굉장히 다른 경험을 할 수 있어. 그런 경험들이 계속 쌓이면 나중에는 엄청나게 큰 차이를 만들어 낼 수 있으니, 지금 보고 듣는 모든 것에 인문학적 호기심이라는 필터를 적용해 봐.

모빌리티는 그 자체가 목적이 아니라, 우리가 보다 많은 기회를 가지고 보다 많은 만남을 통해 다른 사람들을 이해하고 사랑하게 하는 기회를 가져다줄 수 있는 수단이야. 진짜 중요한 것은 진심 어린 만남에서 나오는 폭발적인 가능성이지. 이게 바로 모빌리티의 발전이 가져다줄 진정한 미래야. 그러니 모빌리티 혁명은 공간 혁명을 넘어서는 사람 혁명이라고 할 수 있어.

그리고 모빌리티는 사람 혁명을 일으키는 수단이지만, 그 수단을 잘 사용하기 위해 먼저 준비할 것은 우리 자신이라는 것을 잊지 말아야 해. 준비가 안 된 만남은 우리가 무언가를 성취할 수 있는 가능성을 반으로 줄여 버리거든.

다양한 기회, 생각지도 못한 만남, 폭 넓은 시야 등이 모빌리티 시대가 우리에게 주는 선물이야. 그러니 우리는 이 선물들을 받을 만한 사람이 되어야 해. 모빌리티 시대를 잘 준비해서 최대한 모빌리티의 발전을 누리고 잘 활용하는 지구촌 사람이 되자는 얘기야. 알겠지?

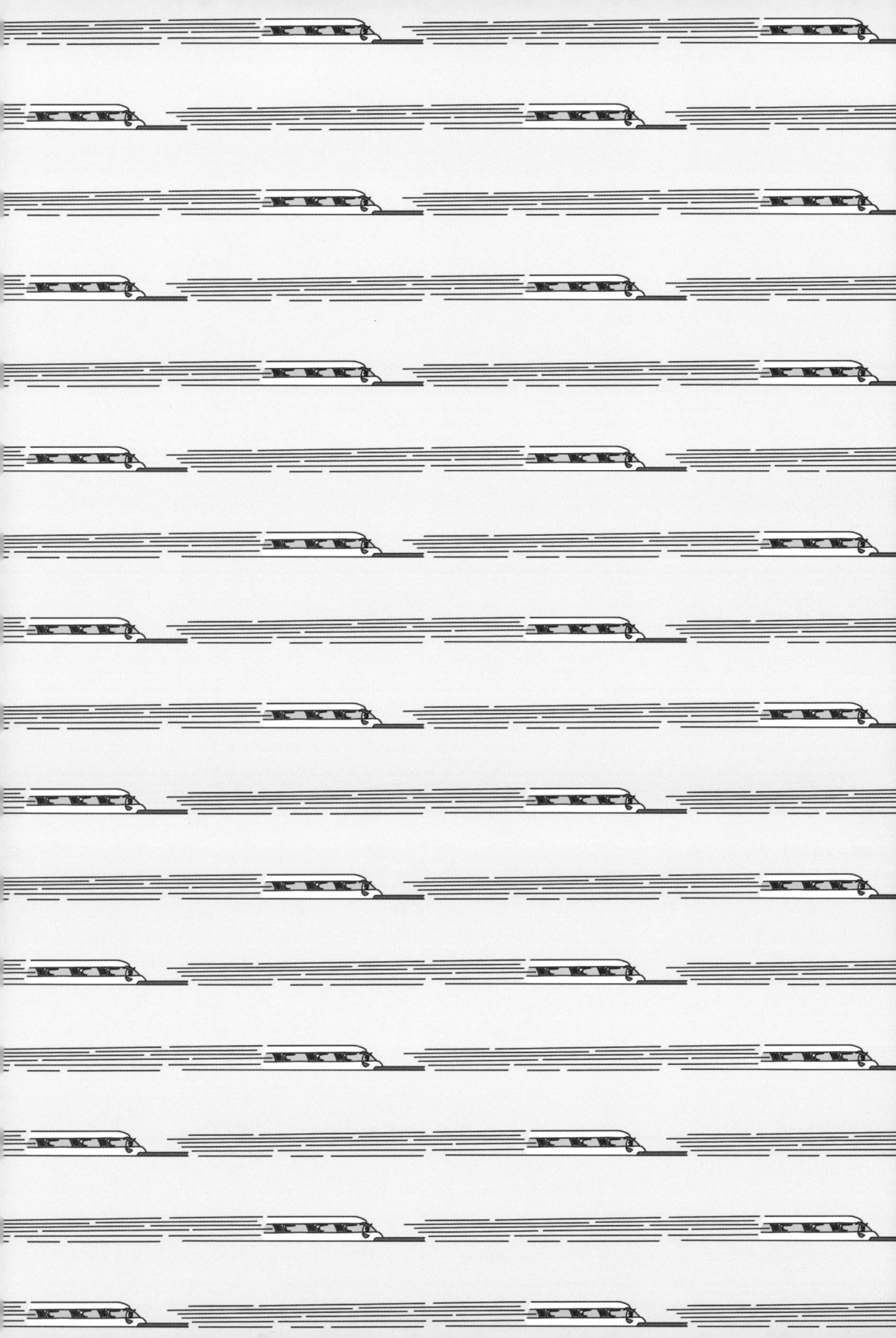

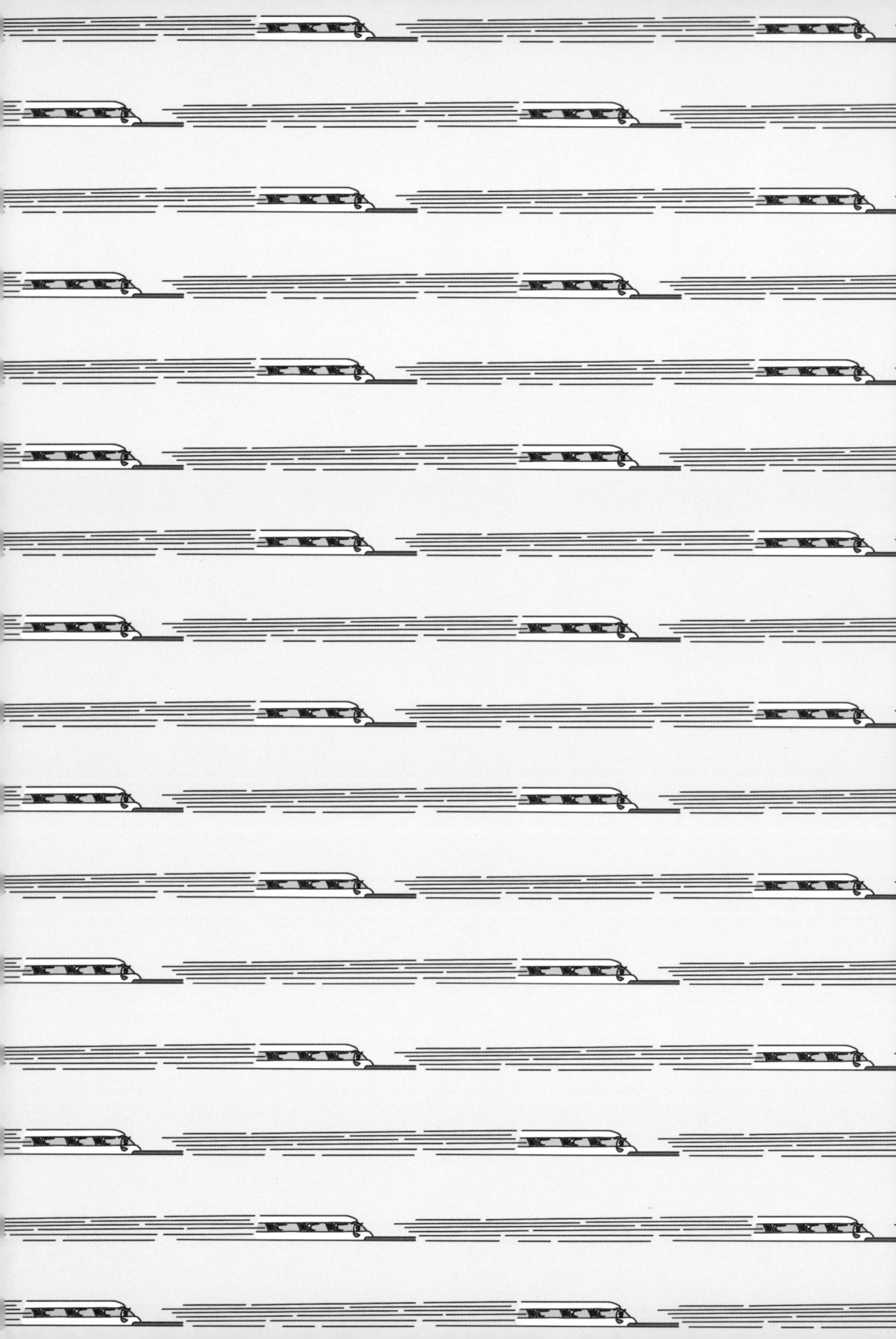

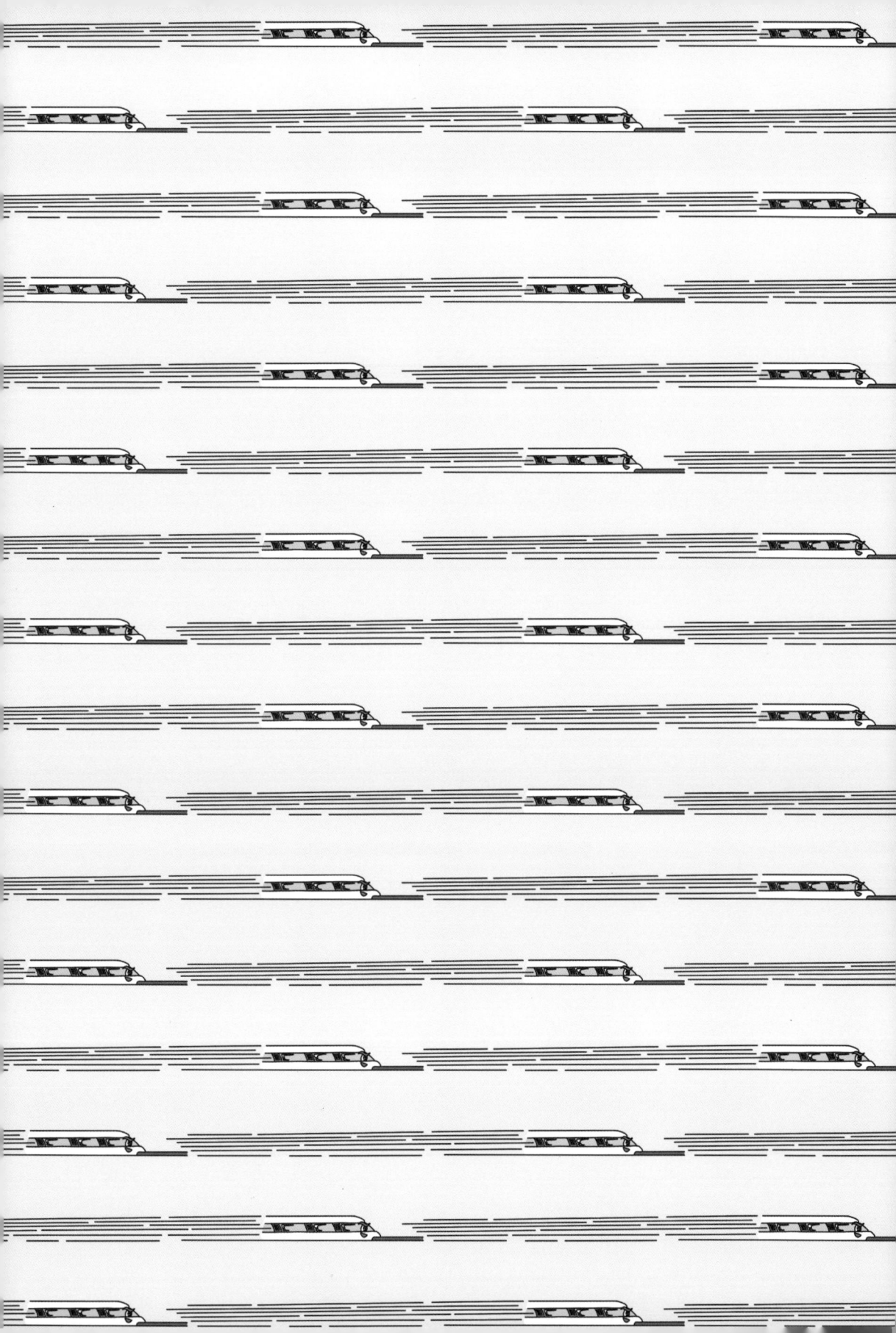

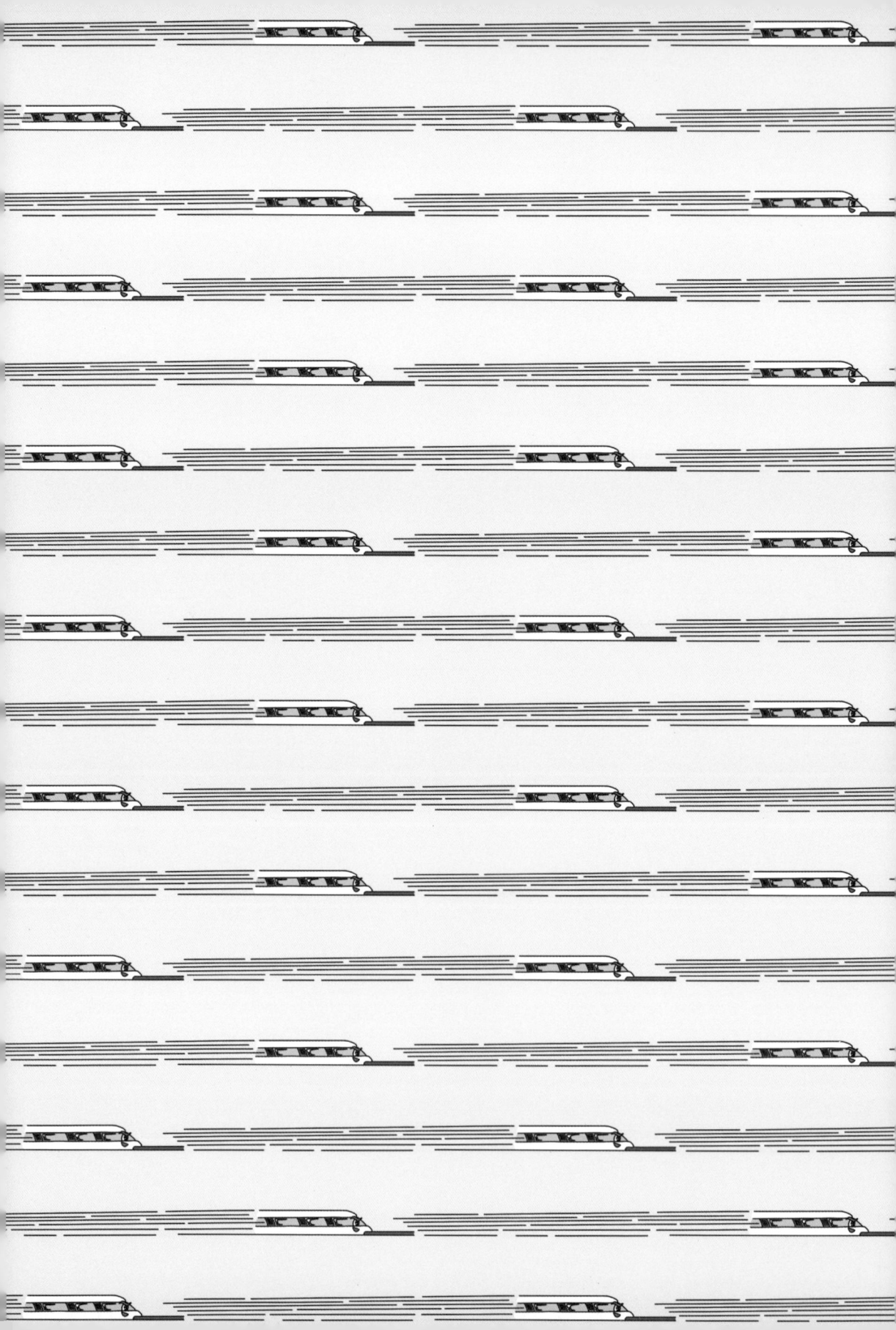